Ignacio Echevarría

Algo que hacer

Primera edición, marzo 2025

Escritos Contextatarios
Directores de la colección: Ignacio Echevarría y Miguel Mora
Edición y corrección del texto: Vanesa Jiménez
Maquetación de la colección: Ignacio Rubio

Editorial Escritos Contextatarios,
calle Bravo Murillo 28, 8º izquierda, 28015 Madrid

Revista Contexto
info@ctxt.es
www.ctxt.es

ISBN: 978-84-127996-8-2
DL: DL: M-7739-2025

Impreso por Quares en España

Ignacio Echevarría

Algo que hacer

Artículos y apuntes reunidos

2020-2025

Prólogo de **Guillem Martínez**

Escritos
Contextatarios

Índice

Prólogo. **Lo no**
por *Guillem Martínez*   9

Nota sobre los textos   19

2020   21

2021   51

2022   73

2023   113

2024   140

2025   165

Prólogo

Lo no

Guillem Martínez

El sentido de un prólogo es informar al lector de que a) puede prescindir del prólogo. Por eso mismo un prólogo debe ser b) breve y no dar la turra, c) informar únicamente sobre aquello de lo que el libro en cuestión no informa —su razón, su pasado, su casilla en la obra del autor—, y d) confirmar, básicamente, que el lector ha hecho bien en elegir el libro. Un prólogo es, de hecho, poco más que e) la confirmación de esa certeza del lector al acercarse al libro que el pollo del prólogo —yo, en este caso— simplemente prologa. Quizás es esa la razón por la que suelo hacer pocos prólogos, pocas presentaciones de libros, poca vida social. La vida social es lo contrario no solo de la vida, sino más aún de la vida inteligente y, desde luego, de la vida privada, ese punto de colores en el que crece, se dilata y explota casi todo lo que la vida impregna de ella misma. En este prólogo, de hecho, no solo confirmaré la decisión del lector y situaré el libro en la obra del autor, sino que les hablaré también —lo breve no excluye lo profundo, como atestiguan las miradas y los baches de las carreteras— de la vida privada, que es lo más de la vida y el punto primero hacia el que conduce la inteligencia al ser el más próximo a ella. Será además inevitable, en tanto el autor de este libro forma parte de la vida privada del autor del prólogo. Es mi gran amigo y la amistad no es más, ni menos, que una aventura sentimental. Sorprendentemente honda, o la amistad es una ceremonia social pinchada en un palo. Pero vayamos por partes. El libro, su autor, su lugar en el autor. La vida sentimental. Es decir, privada.

Un libro de Ignacio Echevarría es algo importante por lo mismo que lo es el ornitorrinco o su precedente evolutivo, el otorrino —otra especie también escasa y costosa, parece—. A saber: hay pocos. Concretamente, contando este que usted tiene en sus manos y excluyendo compilaciones o volúmenes de otra índole, suman cinco. Importantes, en tanto construyen una trayectoria, con todas esas letras, sin recurrir para ello a la acumulación, esa medida enojosa de la importancia del autor en el Viejo Sur y en las necrológicas del Viejo Sur. Se trata de un corpus de libros breve, denso y útil. Esto es, con vida más allá de la muerte, que es de lo que trata la vida —lamento comunicarles esta barbaridad a lo bruto, sin previo aviso, pero la vida es así de sorpresiva.

En su primer libro, *Trayecto. Un recorrido crítico por la reciente narrativa española* (2005), Ignacio Echevarría compendia su participación en el dibujo y en la evaluación de una porción importante de la cultura democrática española: su narrativa. Se trata de un periodo de difícil evaluación en el interior y, quizás no tanto, en el exterior. No obstante, resultará imposible aproximarse al tema sin el mapa, los contextos y las vibraciones que Echevarría fija en ese volumen que no solo es de crítica literaria, sino de —y esto es improbable por aquí abajo y, más aún, para ese periodo— crítica literaria emitida desde el periodismo, un tipo de crítica literaria que se parece sumamente al periodismo en su máximo común divisor: el oportunismo, el sentido de la oportunidad, los reflejos y el juego de piernas que el género precisa para hablar no solo de lo encomendado y supuesto, sino de lo más importante aún, esa cosa que solo la coyuntura, la actualidad permite tratar —si se es astuto, claro; que, si no, apaga.

Desvíos. Un recorrido crítico por la reciente narrativa latinoamericana (2007) es otra emisión del mismo formato y presupuesto: la reseña periodística de novelas. Se vuelve a ofrecer el mismo servicio —la depuración del canon y, lo que es mejor y ahorra más tiempo, su descarte—, pero para otro territorio. Un vasto territorio lingüístico con problemas diferentes a los de la Península para la crítica literaria, pero también efectivos y paralizantes. Lo que dotó a Ignacio Echevarría de un rol sexy en países como Argentina y Chile.

El nivel alcanzado. Notas sobre libros y autores extranjeros (2022) es un rizo rizado. La crítica a libros extranjeros suele ser, en nuestro biotopo, un ejercicio de cobardía. Un ámbito decoroso en el que huir por piernas del trance de opinar con parcialidad y subjetividad y a partir de un itinerario particular y transparente —eso es la crítica, amiguitos/as— sobre literatura española. Pero en ese volumen Ignacio no se detiene en la obra de grandes autores internacionales de todas las épocas para escaquearse, para aplazar otro día, otra semana, otro año, otra vida, la valentía para enfrentarse a la actualidad literaria local, sino que, aprovechando que no está leyendo literatura local, practica otra lectura. Se zambulle en el placer y en la construcción de nuevos planos para leer otras literaturas. A mí, particularmente, y en lo que es una poética de lo ofrecido, me sobrecogió, me impresionó el dibujo de la voz narrativa de *El guardián entre el centeno* como la primera voz, el primer precedente, el primer ensayo del yo de las canciones pop. Hallazgos como ese no se improvisan. Por lo común requieren una vida. Lo que resulta insultante. Brrrrrr. Echevarría, además, hace en este volumen algo espectacular y poco frecuente. Cambiar de opinión, matizar a su yo del pasado, agregando anexos, con todo ello, a sus reseñas. Lo que resulta un espectáculo.

El volumen que usted tiene ahora en las manos surge de la etapa posterior al redactado y a la publicación de los tres anteriores libros, cuando Ignacio Echevarría abandona en 2004, zas, la crítica. Supongo que tras haber agotado el periplo. Tal vez un crítico solo puede serlo para una generación y durante una generación. Permanecer más tiempo en el cargo tal vez solo sea crear, lo dicho, un cargo, esa cosa de la que el mundo —más aún el mundo de la cultura— está lleno. Desde entonces, Ignacio ha reorientado su voluntad y experiencia crítica hacia la cultura, bajo la forma de crítica cultural, crítica a artefactos culturales o/y a fenómenos culturales, ese espectro tan amplio que incluye, incluso, artefactos y fenómenos contrarios y ajenos a la cultura. Y esa es la importancia y el punto concreto del libro. Se trata de artículos —periodísticos: oportunistas, parciales, subjetivos— publicados en las páginas de *El Cultural* y, desde hace unos años, en la pantalla de *Ctxt*, donde Echevarría coordina su suplemento de cultura —El Ministerio— junto a Gonzalo Torné (Torné es una apuesta y una certeza, por cierto, para un grupo de lectores, entre los que me encuentro, que saben del advenimiento de Torné como el gran autor no solo de su generación, lo que supone uno de los pocos y exóticos casos de crack literario que no ha optado por envejecer los cuarenta añozzzzz preceptivos que se precisan para ser un crack por aquí abajo; disculpen por este inciso, oportunista). Para *Ctxt*, por cierto, y como verán en este volumen, Ignacio Echevarría escribe y vertebra uno de mis géneros favoritos: el dietario. Un dietario que él mantiene y hace crecer a través de un hilo central. Que no es otro que el hilo fundamental de la cultura, su esencia, su punto de partida y su límite —estratosférico—: la ideología. El estupor o el placer o la perplejidad de los fenómenos rozando contra la ideología a través de la experiencia cultural. La cultura, de hecho —y les estoy haciendo un *spoiler*, no tanto de este libro, como de la vida— no solo es belleza, es decir, ideología, sino que también, y fundamentalmente, es ideología. Constantemente. No existe, en fin, la cultura mona, la cultura hilo-musical. A ese exceso radical se le llama poder. Y es, como su nombre indica, pura e indialogable ideología.

Les he dicho —ya voy concluyendo— que Ignacio es mi amigo. Por lo que tendría que abordar, en modo plis-plas, el concepto amigo, de manera que quedara claro que este prólogo no es el típico prólogo de amigote. No lo es. Es lo contrario. Es, lo dicho, un prólogo de amigo. Lo que nos lleva a hablar de la amistad y del grupo, la esencia de la literatura y de la cultura desde hace siglos. Concretamente, desde Boscán y Garcilaso, el primer grupo de cortesanos —no había otra cosa por entonces; un poco como ahora— que dejó de serlo para pasar a ser un indicio de lo que hoy conocemos como grupo, asociación de personas con obsesiones similares, con ideologías parecidas. A todo ello se le suele llamar programa, cuando sería mejor denominarlo, quizás, amistad. Tengo argumentos para ello.

El añorado Francisco Rico, tan admirado por Ignacio —colaboraron por años en la elaboración de la Biblioteca Clásica, lo que aumentó su mutuo cariño, esa cosa que no nace del roce; la amistad, como decía Moratín, es el único fruto que no precisa de cultivo alguno—, me explicaba que «el grupo es el punto fundamental de la literatura». A lo que agregaba, con esa sonrisa tan XXXXXXX suya: «...y no le veo a usted en un buen grupo». Por lo que es preciso que les explique ese grupo. Lo que es muy fácil, pues no existe. El grupo, el grupo operativo, aquí y ahora, suele ser, tal y como ha quedado el patio, algo próximo a lo que abandonaron Boscán y Garcilaso. Una corte. Las cortes, como ya sabrán, no estaban fundamentadas, ni lo están, en amistad alguna, sino en una suerte de intereses, relaciones profesionales, incluso promocionales. Por ello, es posible distinguir entre el grupo de amigos y la corte, ese cúmulo de dinámicas e intereses que bien podríamos llamar, por lo mismo, camarilla.

El principal distingo entre el grupo de amigos y la camarilla es, me temo y nuevamente, la ideología. Es decir, la convicción, o no, de que la cultura es ideología, esa confrontación constante. O de que, por lo contrario, es estabilidad, un producto finalizado y despolemizado, la manifestación de un orden, de una pirámide alimenticia que es preciso mantener, también a través de la cultura, lo que conduce a la penalización de toda ideología. Toda ideología no apreciada por el Estado y por la empresa, quiero decir, los grandes vertebradores de la cultura en todo el mundo, también, y mucho más, en el País Favorito de la Divina Providencia.

Aquí, como en todas partes, solo hay cortes, grupos del sí, grupos a favor de la estabilidad, de la cultura como preciosismo de la realidad, que la confirma. Y grupos del no. Grupos de personas que en un momento dado de su biografía dijeron la palabra no, comúnmente sin decirla, a través de sus escritos y de su comportamiento. Lo que no les convierte en héroes. Simplemente, en humildes usuarios del no en una cultura orgullosa del sí. Las culturas del sí, ahí donde existen —son universales, pero usualmente sufren oposición, compensaciones, contrapesos; en España, pues menos—, suelen consistir, en un grado intenso, en la expulsión de la cultura, en ocasiones incluso de la nación, a todo aquel que se aleje del sí. Las culturas del sí crean, o al menos facilitan, por dinámica esencial, las culturas del no, esos comités de autodefensa ante el sí. Este libro, de hecho, se ubica en las culturas del no, que es el punto desde el que les saluda, con la manita —hola—, su proloquista.

La pertinencia, la inscripción voluntaria a la cultura del no o del sí, no se improvisa. Requiere años de definición y de énfasis en el sí o en el no. Cierta acumulación, precoz y lejana, de síes o de noes. Para acceder al sí es precisa una idea anhelada y operativa de corte. Y para acceder al no se precisa vida privada, que es el lugar en el que se produce una idea de amistad diáfana, pues el no, la génesis del gran no, solo se produce en la amistad, en ese espacio voluntario en el que las personas reparten y comparten su inteligencia. Y, jamás, y esto es importante y diferencial, su sumisión.

La experiencia de Ignacio en la cultura del no es, por ello mismo, dilatada. Siendo un pipiolo entró a formar parte del grupo de Alberto Cardín, tal vez como mascota. Aquel grupo, el último grupo cultural de izquierdas y del no organizado, estructurado, beligerante en Barcelona, dotado de estructuras, de publicaciones, y que se mantuvo vivo hasta los 80 del XX, fue importante, en tanto fue el primero en verbalizar, culturalmente, el pujolismo y —aquel grupo fue la pera— la cultura democrática, aquella corte estatal que se cernía sobre la cultura a principios de los 80, a la que hoy tenemos la tendencia de denominar Cultura de la Transición. Los noes de Ignacio se han mantenido en el tiempo y han repercutido en su independencia. Es decir, en su obra. Y, por lo mismo, en su cultivo de la amistad, esa cosa que ya hemos definido como ausente de cultivo. Esa relación con la cultura del no, con la cultura que no persigue la autopromoción mutua a cambio de estabilidad y ruido, le ha conducido a la fundación de su red de raros locales y latinoamericanos. Apuestas personales y apasionadas —eso es la amistad; poco más— sin el valor agregado de lo cortesano y de su reparto de roles y favores. La metáfora de esa trayectoria tal vez sería su apuesta y entrega por y con Bolaño, un tipo magnético con una obra magnética, que nunca fue una apuesta segura, sino un hombre no, un autor no, una persona de la cultura de no, alguien en la cuerda floja por años. Bolaño, en ese sentido, le hizo la pirula a la cultura del sí desde la cultura del no. Es relativamente fácil, por cierto, burlar, superar, hacerle la pirula a la cultura del sí, pues una corte siempre está en la inopia. Además, las cortes son, por definición, culturas, cosmovisiones sustentadas en algo ajeno a la cultura y, por ello, histórico, limitado en el tiempo, pasajero: el poder. Es decir, otra vez el Estado y la empresa.

Hay un quinto libro de Ignacio, del que no les he hablado hasta ahora. Lo que nos lleva ya a hablar de la vida privada, de la que ya llevo varias líneas hablando, de hecho. Se trata de *Una vocación de editor* (2020). Es un volumen de homenaje a Claudio López de la Madrid, gran amigo de Ignacio desde la juventud rampante, hoy desaparecido. Era el director de un gran sello multinacional. Lo que nunca llevó a ninguno de los dos amigos a confundir el agua con el aceite. Siempre estuvieron juntos, pero sus rumbos divergieron. Nunca intentaron la corte, sino la amistad. Lo que explica el papel de la amistad, esa explosión intelectual, en Ignacio. La amistad es el sitio del compromiso, del no. El punto desde el que, de una forma u otra, surgen el resto de noes. La obra. Y, llegado a este punto, creo que ya he dicho todo lo que tenía que decir. Esto se acaba, lector, y empieza el libro, la juerga.

Únicamente debo agregar que disfruto de Ignacio desde hace décadas. El epicentro de ese placer son nuestros frecuentes almuerzos y cenas, en los que, desde hace tiempo y tiempo, nacen los noes. Los noes, los noes iniciales, nacen en la amistad, cuando somos, incluso, analfabetos o, peor, adolescentes con lecturas aún endebles. Pero prosiguen y crecen, durante toda la vida, a través de los noes sospechados y formulados en conversaciones profundas y desordenadas entre amigos. Se trata de algo que sucede desde *El banquete*. Los noes descubiertos con Ignacio, en ese sentido, han sido determinantes en mi vida y en mi trabajo. Espero haberlos explicado y organizado en parte, solo en parte, en este prólogo de amigo. No de un cortesano, no de un compinche, no de un *camarillo* o como se llame. Y espero, más aún, que los noes de Ignacio en este libro les acompañen en su propio periplo por la vida y les ayuden a confirmar que la cultura es el punto del no. Y que el no, en cultura, es la palabra más bella. Es una suerte de sí. Es el gran sí del futuro, esa cosa que nunca llega.

Vale.

Nota sobre los textos

Reúne este volumen, cronológicamente ordenados, textos publicados durante los últimos cinco años en las revistas *El Cultural* y *Contexto y Acción* (*Ctxt*). Todos los textos de *El Cultural* pertenecen a la columna que, bajo el título común «Mínima molestia», vengo publicando semanalmente en la revista desde el año 2010. Los textos procedentes de *Ctxt* corresponden tanto a colaboraciones sueltas como a una especie de dietario que, bajo el título «La colmena de cristal», emprendí a finales de 2023 y que vengo publicando desde entonces con relativa regularidad, a razón de una entrega cada seis o siete semanas. La fórmula de «dietario» ensayada para «La colmena de cristal» me ha servido para estructurar el libro, que asume el carácter de reflexión o de apunte de actualidad que tienen sus diferentes piezas, trufadas muy ocasionalmente de citas y de notas de lectura. La secuencia temporal se impone, así, a la temática o tonal. He prescindido de los títulos empleados en su día para los diferentes textos y no siempre he respetado la integridad de los mismos; a menudo he recortado su extensión, o los he extractado, si bien en ningún caso los he reescrito. El criterio de selección, bastante caprichoso, ha tenido en cuenta la dimensión más o menos política de los textos, aunque en no pocos casos cueste descubrirla o reconocerla, dado que se ha interpuesto también una intención lúdica o —pobre de mí— voluntariosamente amenizadora. En dos ocasiones brindo recortes de conversaciones, una con Sebastiaan Faber y otra con Gonzalo Torné, a los dos agradezco la licencia de servirme de sus palabras y de su trabajo. Y puestos a agradecer, aprovecho para expresar también mi gratitud a Miguel Mora, que me ha animado a este dudoso ejercicio de recapitulación; a Ana Molina Hita, que me ha ayudado en la selección y la revisión de los textos, y a Guillem Martínez, que mientras escribo estas líneas me entero de que se ha resignado a escribir el prólogo.

I.E.

2020

Enero

He leído *El espejo del mar*, de Joseph Conrad, en al menos dos ocasiones, pero no recordaba el episodio que evoca Rubén Ángel Arias en una de las entradas de su estupendo *Diario de Moscú*, que viene publicando por entregas en la revista *Ctxt*. Me refiero a la historia del «pobre P.», narrada por Conrad en los capítulos XI y XII de ese libro admirable (que Javier Marías recuperó en 2005 para su editorial Reino de Redonda, rehaciendo su vieja traducción de 1981 y con el mismo el prólogo que Juan Benet escribiera entonces). La resumo con las palabras de Rubén:

«El pobre P. es pobre de oído, pero lo disimula muy bien. Cuando los demás le hablan y, por supuesto, él no responde, pide disculpas porque no es que no los oiga, es que está pensando en otra cosa, y así siempre. Su intrepidez le ha llevado a ser el encargado de desplegar lona en las embarcaciones en que trabaja. Lona es la palabra que los marineros utilizan para referirse al conjunto de las velas. A más lona, más superficie para el empuje del viento y, por lo tanto, más velocidad. La proverbial sordera de P. hace que, incluso en medio de un temporal, se empeñe en seguir a toda lona, pues apenas acierta a escuchar el crujido que hacen los mástiles justo antes de romperse. Cuando el capitán se le acerca, él disimula el riesgo en el que está poniendo la estructura del barco mirando fijamente el horizonte y presumiendo de temple y de un envidiable equilibrio en medio del sube y baja provocado por las embestidas del oleaje, como si todo en él dijera: ¿una tormenta?, vamos, por favor, ¿de qué tormenta me hablan? Conrad supo años después de navegar con él que había muerto en medio de una de las habituales borrascas que se desencadenan entre Nueva Zelanda y el Cabo de Hornos. El escritor polaco se lo imagina mirando al frente, garboso y desafiante, entre los altos palos de un barco cuyas velas él le había visto forzar al máximo en más de una ocasión».

Al leer esta historia, me vino al recuerdo una fábula del poeta y místico persa Farid al Din (siglo XII) que Elias Canetti incluye entre sus apuntes del año 1978. La fábula se titula «Hatem el Sordo», y la transcribo aquí entera:

«Hatem el Sordo era un hombre tan blando de corazón que un día, a una mujer que se le acercó para hacerle una pregunta y en el mismo instante soltó una ventosidad, le dijo: "Habla más fuerte, que oigo mal". Lo dijo para que la mujer no sintiera vergüenza. Ella alzó la voz y él respondió a su pregunta. Mientras vivió aquella mujer, unos quince años aproximadamente, Hatem se hizo el sordo para que nadie le dijera a la anciana que no lo era. Tras la muerte de ésta, volvió a responder de inmediato a cualquier pregunta. Pero hasta entonces le decía a todo el que se dirigía a él: "Habla más fuerte". Por eso fue llamado Hatem el Sordo».

Al evocar la historia del «pobre P.», Rubén dice que «el humor de Conrad está ahí». Y añade: «Es una lección, en más de un sentido».

Lo mismo cabe decir de la historia de «Hatem el sordo».

Las dos historias se complementan de manera curiosamente ejemplar. Cada una es el reverso de la otra. El sordo que finge no serlo, y el que, sin serlo, se hace pasar por tal durante nada menos que quince años, por ser consecuente con un impulso de piedad y de cortesía.

También en el contraste entre las dos historias, y no solamente en cada una tomada por sí sola, parece haber «una lección, en más de un sentido».

¿Cuál?

Vaya uno a saber.

Febrero

El pasado 27 de enero falleció en Madrid, con 87 años, María Martín Ampudia, viuda del escritor Juan García Hortelano. Años atrás unos amigos me llevaron a conocerla, y tuve la suerte de ser recibido en la casa que compartía con Sofía, su hija, adonde acudí más de una vez, pasando noches inolvidables que me entristece que no se vayan a repetir. La casa de María tenía una biblioteca formidable, de esas que dan ganas de explorar detenidamente. Y recuerdo algunos de los cuadros colgados de las paredes, muy en particular una marina de Juan Benet.

En «Juan en Hyderabad», el hermoso artículo que dedicó a Juan García Hortelano al poco de su muerte, Benet decía que el latiguillo preferido de su tan querido amigo era: «Da lo mismo». Y citaba con particular deleite una frase al parecer proverbial del mismo García Hortelano: «Da lo mismo, María, pero deja que lo cuente yo». Benet nada explica de la situación en que resonaría la frase, por lo que nada me impide imaginar a García Hortelano soltándola en el mismo salón de la casa de la calle Gaztambide que conocí, en el transcurso de cualquiera de las muchas tertulias que allí se celebraban, él y María compitiendo por contar la misma anécdota.

Pues si la fama de García Hortelano como conversador y narrador oral es casi legendaria, María no le iba a la zaga, al menos hasta donde me fue posible vislumbrar en esas ocasiones —demasiado pocas— en que tuve la oportunidad de escucharla.

Ella misma recordaba con evidente nostalgia aquellas tertulias interminables, siempre regadas con abundante alcohol. «Nuestra casa era parada y fonda», decía, jactanciosa. Y enseguida le venían a la boca los nombres de tantos y tantos miembros de la generación del medio siglo —y de las siguientes— que desfilaron por ella, todos atraídos por la hospitalidad y la cordialidad que emanaba de los anfitriones, quienes actuaron como enlace de los grupos de Madrid y Barcelona, y, aun dentro de Madrid, de los diferentes círculos de letraheridos de la ciudad.

«Éramos tan vivos como charlatanes», admitía María, sonriente, en una conversación con Ricardo Rodríguez publicada en *Mundo Obrero* hace ya casi diez años. En esa misma conversación, Sofía, también presente, recordaba: «Hablaban mucho, continuamente tenían todos algo que decir, se quitaban la palabra los unos a los otros».

Rodríguez subraya el papel tan importante que en los años sesenta y setenta desempeñaron los domicilios de algunos escritores, en reñida competencia con locales públicos como el Café Gijón, el Pelayo, el Gambrinus. Y menciona las casas de Juan Benet, de José Caballero Bonald, de Gabriel Celaya y Amparitxu Gastón, y por supuesto la de Juan García Hortelano y María Martín Ampudia, quien, en la citada conversación, dice: «Teníamos una identidad casi por parejas», aludiendo a la estrecha alianza intelectual que en aquel ambiente solía darse entre hombres y mujeres.

Ella y García Hortelano se conocieron en 1964. La común militancia comunista debió de ser uno de los factores que contribuyó a unirlos. Hasta donde sé, María procedía de una familia republicana, represaliada por el franquismo. Su incombustible pasión política emergía una y otra vez, siempre alerta, en su conversación. Pertenecía a la izquierda más insobornable, menos doblegada. No había nada de trasnochado ni de residual en su perseverante profesión de comunismo, ninguna complacencia que no fuera la que emana de la propia dignidad. En su boca, el enfado y el humor formaban un acorde a la vez alegre y severo.

María era una mujer culta, muy leída. Buscando documentación para estas líneas, me entero de que en el pasado fue también una excelente traductora, en particular de Bertolt Brecht. Ella y Sofía han venido administrando con devoción y rigor ejemplares el legado de Juan García Hortelano, aún pendiente —como el de otros escritores del llamado realismo crítico— de ser cabalmente evaluado.

Haber conocido a María Martín Ampudia, haberla visto desplegar su labia vehemente en conversaciones en que yo sentía palpitar el espíritu que animara otras mucho más antiguas, que hubiera dado cualquier cosa por presenciar, se me antoja un privilegio tanto más preciado en cuanto irrepetible.

La imagino sonriente en lo alto de una barricada, con una bandera roja en la mano, esperándonos a todos en la lucha final.

Marzo

Fragmento de la conversación mantenida con Sebastiaan Faber al poco de yo publicar, el 20 de noviembre de 2019, un extenso comentario a propósito de *Mientras dure la guerra*, película de Alejandro Amenábar que trata sobre sobre la figura de Miguel de Unamuno y su actuación durante la Guerra Civil.

Planteas que parte de la izquierda española está trágicamente confundida sobre la naturaleza de sus enemigos. Una y otra vez, escribes, sucumbe a la tentación de reducir a la derecha española a su «pedigrí franquista», cuando la verdad es que esa derecha española está plenamente sintonizada con la neopopulista (y/o neoliberal) europea. Me parece un apunte corrector importante y útil: no todo lo que suena a franquismo lo es. Pero ¿quieres decir con esto que lo que Manuel Vázquez Montalbán llamaba «franquismo sociológico» ha dejado de ser una fuerza determinante en España hoy? ¿No crees que sigue habiendo herencias o resabios franquistas en una gama bastante amplia de actitudes, patrones, reflejos, concepciones todavía muy presentes en la sociedad española hoy, no solo en la derecha sino también en la misma izquierda?

Claro que sí. ¿Y cómo podía ser de otro modo? En España conviven en la actualidad al menos dos generaciones que han crecido bajo el franquismo, y no cabe esperar que las estructuras de poder y la mentalidad segregadas a lo largo de cuarenta años hayan desaparecido sin dejar rastro, aun pasados otros cuarenta años. Sobre todo porque el franquismo no fue un fenómeno episódico, sino la desembocadura de un largo proceso histórico, de una muy prolongada lucha de facciones, tanto de clase como culturales y «nacionales», cuyas tensiones consiguió reprimir pero no liquidar.

O sea, que si lo que llamamos franquismo no muere en 1975, tampoco nace en 1936. Le cabe sospechar que la herencia

que recibimos del franquismo no fue amasada a partir de la
Guerra Civil sino a partir de la Guerra de Independencia.

A veces me da la impresión de que se hace una simplifi-
cadora contraposición entre la dictadura franquista y la
Segunda República, como si de dos etapas históricas se
tratara. Pero es la Segunda República lo absolutamente
excepcional —y efímero— en la historia de la España de
los siglos XIX y XX, por lo menos hasta la Transición.
Saltando por encima de ella (o, mejor dicho, simplemente aplastándola), el franquismo enhebra con una
larga tradición de espadones, de pronunciamientos, de
guerras civiles (las carlistas), de autarquía, de abso-
lutismo, de represión, de injusticias y desigualdades
sostenidas por una plutocracia y un clero anacrónicos
y brutales. Me pregunto cuánto de lo que se toma por
legado, herencia o resabio franquista, en esa gama de
actitudes, patrones, reflejos y concepciones todavía
muy presentes en la sociedad española hoy —presentes, como tú dices, tanto en la derecha como en la izquierda—, no es más bien herencia de dos siglos de
endémico atraso y cerrazón, de imbecilidad, de some-
timiento, de violencia. A cualquiera que se pasee estos
días por la formidable exposición que el Museo del
Prado dedica a los dibujos de Goya le cabe llevarse una
idea bastante cabal de cuál es el sustrato en que arraiga
el franquismo.

De acuerdo. Pero que ese atraso haya sido de dos siglos y no de
uno y medio, tiene una explicación histórica, ¿no? Pongamos
por ejemplo la judicatura española, que tanta atención está

acaparando últimamente, entre manadas, titiriteros, los chicos de Altsasu y la crisis catalana. Ignacio Sánchez-Cuenca *ha llamado la atención sobre el «formalismo» de los tribunales y* Enric Juliana, *vía* The Economist, *ha hablado de un «legalismo exacerbado». Ambos apuntan a cierta actitud entre los jueces que impediría su comprensión de —o el respeto a— derechos fundamentales como, no sé, el derecho a ser elegido diputado. Me parece que en ese formalismo legalista se detecta un claro legado franquista. Un legado perfectamente explicable, además, dadas las continuidades en la judicatura de carácter biográfico, genealógico y pedagógico...*

¿Y cómo pretender, insisto, que ese legado fuera suprimido de golpe? Es más que un legado, es un ADN. Se necesitarán aún dos generaciones más, en el mejor de los casos, para dejarlo atrás. La cultura democrática no deja de ser una vegetación aún novedosa en el suelo histórico y cultural de la mayor parte del mundo, incluida Europa. Apenas dos siglos de implantación no garantizan su arraigo ni siquiera en los países más afortunados, como Inglaterra y Francia. Mucho menos en países históricamente anómalos como España, un país sin casi Ilustración, donde, como es sabido, tardó en emerger una burguesía mínimamente equiparable a la de sus países vecinos, la que introdujo en ellos el gen liberal. No hay que olvidar, por otro lado, que la democracia española llega a su madurez (pongamos que a finales de la primera década del siglo XXI, cuando el llamado «régimen del 78» empieza a agrietarse visiblemente) en plena resaca democrática, en un momento en que en todo el mundo —incluidos los países en que la democracia está más consolidada— el neo-liberalismo está forzando un retroceso generalizado de esos derechos fundamentales, laminados desde los más diversos frentes, empezando por el tecnológico.

Que el neoliberalismo hace buenas migas con el (post)fran-quismo también lo demuestran Antonio Maestre y Paul Preston en sus últimos libros. Durante la dictadura, la pri-vatización de lo público, o la conversión del capital público en patrimonio personal, era marca de la casa. Pero esto me plantea otra pregunta: la escandalosa promiscuidad triangu-lar que existe entre las élites políticas, los grandes medios de comunicación y las élites económicas y financieras (Ibex35, banca), y que ha marcado tanto las cuatro décadas de demo-cracia española, ¿es una disfunción que remonta al periodo franquista o es netamente identificable con la España demo-crática o, no sé, el capitalismo avanzado a secas?

Disculpa que me repita. El franquismo duró cuarenta años. En Francia, la Ocupación y el régimen de Vi-chy duraron sólo cuatro años; en Alemania, el nacio-nalsocialismo apenas una docena. De Gaulle pasó página prudentemente sobre el amplísimo tinglado del colaboracionismo y dejó intactos muchos privile-gios obtenidos o consolidados gracias a él, sin hurgar en el amplísimo apoyo con el que contó. El «milagro alemán» liderado por Adenauer se obró con la activa participación, en las estructuras del poder tanto po-lítico como económico, de antiguos nazis. Sin cues-tionar que la España democrática padezca, en efecto, disfunciones particulares, tiendo a pensar que sí, que esa escandalosa promiscuidad triangular que existe entre las élites políticas, los grandes medios de comunicación y las élites económicas y financieras es sobre todo consecuencia del capitalismo avanzado, aupado y beneficiado en el caso español por una lacra histórica. Baste pensar en el caso de Italia y Berlusconi.

*

Reviso estos días las pruebas de un librito en el que, a petición de Miguel Aguilar, he reunido un puñado de artículos, ensayos y pecios de Rafael Sánchez Ferlosio donde se discurre sobre los conceptos de patria y de patriotismo, y más ampliamente sobre «el nefasto fetiche de la identidad». El volumen, de próxima publicación, llevará por título *La verdad de la patria*, y por mucho que sus piezas sean más o menos conocidas, al integrarse en una misma secuencia permiten escrutar y calibrar mejor las a menudo estentóreas ideas de Ferlosio sobre una cuestión que lo ocupó de manera recurrente desde los primeros años de la Transición, cuando objetó de forma muy severa los criterios con que fue abordada la construcción del llamado «Estado de las autonomías».

En la presentación del volumen aprovecho por mi parte para hacer una observación que estimo pertinente: la de que la generación de intelectuales y escritores españoles a la que pertenecía Ferlosio, la de los llamados «niños de la guerra», fue la primera en la época contemporánea que se desentendió de España como problema. No es que a sus integrantes les doliera España más o menos: es que se la refanflin-flaba. Dicho así, puede sonar escandaloso o incluso ofensivo. Pero hay que ponerse en la piel de quienes, educados y crecidos en el franquismo, padecieron en carne propia, durante sus años de formación, la exaltación partidaria de la más rancia ideología nacionalista, incansablemente embadurnada por la refitolera fraseología de un régimen autárquico, vengativo, zafio y anacrónico.

Repito aquí algo sobre lo que nunca me parece que se insista lo bastante: entre las más prolongadas secuelas del franquismo ha de contarse el acaso irreparable desapego de no pocos españoles respecto de todos los símbolos y distintivos patrióticos, empezando por el himno y la bandera, continuando con Don Pelayo, el Cid Campeador, Isabel y Fernando, Hernán Cortés y Agustina de Aragón, y ya puestos también con el flamenco, la jota, los toros, el pasodoble, la paella, todo el beaterio nacional-católico, El Escorial y hasta la mismísima Giralda de Sevilla, para concluir en la misma palabra y noción de España.

El patriotismo español, monopolizado desde el final la Guerra Civil por el franquismo, tuvo efectos tan disuasorios sobre esos «niños de la guerra» que los vacunó para siempre de toda adhesión patriótica y, por lo mismo, de toda infección nacionalista, de la parte que fuera. Pues tan difícil como detectar, entre la mayor parte de los miembros de la también llamada «generación del 50», la más mínima marca de «españolez», el más mínimo rastro de identificación con la tradición heredada —incluso con la lengua heredada—, lo es reconocer simpatía alguna hacia el nacionalismo rampante de vascos, catalanes, gallegos, andaluces... Toda invocación a la patria, cualquiera que esta fuera, se hizo para ellos sospechosa y les suscitaba una instintiva aprensión. Y así fue como, ya en democracia, ni Carlos Barral, ni Jaime Gil de Biedma, ni Juan Marsé, ni Gabriel Ferrater, ni los hermanos Goytisolo, por ejemplo, simpatizaron con el nacionalismo catalán más de lo que simpatizaron, antes y después de la muerte de Franco, con el nacionalismo español, igualmente suspicaces respecto del uno como del otro.

Me pregunto ahora si esta saludable insensibilidad de tantos españoles hacia los símbolos y distintivos patrios no ha favorecido, en definitiva, la fervorosa adhesión a los propios de los nacionalismos periféricos, y éstos, a su vez, el reavivamiento de los símbolos y distintivos del sempiterno nacionalismo español, aún impregnado de sus más odiosas connotaciones.

Me pregunto si en la Transición no se dejó pasar la oportunidad de resignificar o simplemente renovar y acaso remplazar esos símbolos y distintivos, en lugar de dar cauce a que su impugnación conllevara la antagónica exaltación de otros igualmente incordiantes y excluyentes.

Me pregunto si «ese novísimo embeleco del "patriotismo constitucional"», como lo llamaba Ferlosio, no es en definitiva un penoso remedo técnico —en lugar de un antídoto— de un sentimiento, el del patriotismo, que, provenga de donde provenga, y por muy festivo y ecuménico que se muestre, se retroalimenta

una y otra vez —como Ferlosio advierte— de la ene-
mistad y de la paranoia, para devenir fatalmente una
herramienta de coerción social.

*

Si no la felicidad, se dijo él, al menos la alegría.

Abril

Con menos de dos meses de diferencia han fallecido,
en lo que llevamos de año, Juan Eduardo Zúñiga, el
pasado 24 de febrero, y Antonio Ferres, hace escasos
días, el 11 de abril. Los dos eran los últimos super-
vivientes, creo, del grupo de narradores madrileños
llamados «socialrealistas», más conocidos como «los
escritores de la berza», etiqueta ésta que acuñó en broma uno de ellos, Antonio Bernabéu, pero que prosperó
y suele emplearse todavía, siempre desdeñosamente,
para referirse a ellos.

Desatendida y postergada durante muchos años, la
obra de Antonio Ferres conoció un tímido resurgimien-
to hace un par de décadas, cuando, casi simultánea-
mente, en 2002, la editorial Viamonte reeditó su novela
más emblemática, *La piqueta* (1959), y Debate publicó
sus memorias, significativamente tituladas *Memorias
de un hombre perdido*. Con ese pretexto, y sabiendo que
los dos habían sido muy buenos amigos, a pesar de que
llevaban años sin verse, se me ocurrió reunir a Ferres

y Zúñiga y mantener con ellos una conversación en la que participó también Constantino Bértolo, por entonces director de Debate. Aludía a ella no hace mucho, en una de estas columnas, a propósito de los *Recuerdos de vida* de Zúñiga, aparecidos el año pasado (Galaxia Gutenberg). La conversación se publicó en *Babelia* bajo el título «Todos somos seres perdidos», y es accesible en la red. La releí días atrás, cuando me enteré de la muerte de Ferres, y me llegó casi intacto el recuerdo de aquel encuentro, que resultó para mí conmovedor, además de instructivo. Tómense el trabajo de consultar ese documento, no perderán el tiempo. Por mi parte, ya puesto, busqué en mi ordenador unos pocos retales de la conversación que, por razones de espacio, no fueron publicados, y que guardan cierto interés. En uno de ellos, y a resultas de las preguntas que yo les hacía acerca de cómo, después de haber publicado y promovido a no pocos de los novelistas de aquel grupo, Carlos Barral se desentendió de ellos, Antonio Ferres dice: «Yo a Carlos lo quería mucho. Pero luego vino el *boom*, y lo reventó todo. Al principio, les gustaba que fuéramos obreristas, pero al final se quejaban de eso mismo. ¿Cómo era ese verso? "Qué oscura gente…"».

El que citaba Ferres es el último verso del poema de Carlos Barral titulado «Geografía o historia», de su primer libro, *Diecinueve figuras de mi historia civil* (1961). El verso completo dice «¡Qué oscura gente y qué encogidos íbamos!». Tanto el verso como el poema adquieren una resonancia muy específica proyectados en las relaciones que, en el marco de la generación del 50, mantuvieron entre sí los círculos de Madrid y Barcelona; y, dentro de Madrid, el de los jóvenes universitarios, díscolos retoños de una burguesía más o menos acomodada (Aldecoa, Ferlosio, Martín Gaite, Fernández Santos…), y un puñado de esforzados autodidactas, hijos del miedo y de la pobreza, descendientes de familias represaliadas, militantes casi todos del Partido Comunista. Las diferencias y los malentendidos que determinaron esas relaciones constituyen, todavía hoy (lo decía ya en la mencionada columna), uno de los episodios más patéticos y sangrantes de la reciente historia literaria española, pendiente aún tanto de investigación como de evaluación. Me consta que Zúñiga acarició en algún momento —él mismo me lo dijo— el proyecto de reconstruirlo; entre sus papeles deben de contarse no pocos materiales destinados a este efecto, y que no empleó en sus frugales memorias.

El mismo Zúñiga, en aquella conversación con Ferres, reivindicaba el valor de las obras de los «socialrrealistas». «Algún día se reconocerá su respetable calidad. Creo que se está reconociendo ya». Yo mismo he pensado alguna vez que así ocurriría, viendo, por ejemplo, el entusiasmo y la convicción con que Javier Santillán, de la editorial Gadir, ha venido publicando estos últimos años las obras de Ferres. En la actualidad, sin embargo, y lamento admitirlo, me parece muy improbable. La historia literaria, como la historia de los pueblos, tiene sus perdedores, con independencia de sus méritos. Y las razones de que lo sean coinciden sospechosamente en los dos casos, la mayoría de veces.

Para que haya «justicia» literaria tendría que cambiar antes la entera jurisprudencia que articula el canon. Y no hay visos de eso, me temo.

Resulta casi conmovedora, de puro risible, la iniciativa de la Unión de Actores y Actrices de convocar «un parón de 48 horas en las redes sociales» en respuesta a la falta de medidas específicas para el sector cultural tras la crisis sanitaria. La iniciativa fue tomada después de la decepcionante comparecencia del ministro de Cultura, José Manuel Rodríguez Uribe, el pasado 7 de abril, y señalaba los días 10 y 11 de abril como fechas del «apagón cultural», como lo llamaba, llena de optimismo, la misma Unión de Actores y Actrices. El «cartelito» de la convocatoria no tiene desperdicio, véanlo:

48 HS SIN CULTURA EN REDES. 10/11 DE ABRIL. #APAGONCULTURAL #ESPAÑA #MINISTROCULTURA #MEDIDAS

Uno lo lee y revive los viejos estremecimientos revolucionarios, ¿no es cierto? ¡Tiembla, Mark Zuckerberg! ¡48 horas sin que actores y actrices y otros agentes culturales cuelguen sus «contenidos» en las redes sociales! ¿Lo podrá soportar la sociedad española, ya muy apaleada y afligida por el coronavirus? ¿Qué será de nosotros? Escribo esto el viernes 10 de abril, primer día de la «huelga». Imagino la consternación de tantos y tantos ciudadanos al constatar esta mañana la devastadora incomparecencia en las redes de los heroicos luchadores. Pero...

¡Calma al obrero! La sangre no ha de llegar al río. Me entero hoy, 12 de abril, Domingo de Resurrección (nunca mejor dicho), de que la huelga fue desconvocada a última hora, una vez conocida la intención del ministro de Cultura de reunirse con los representantes del sector cultural, en compañía de María Jesús Montero, ministra de Hacienda y portavoz del Ejecutivo. Nos libramos por los pelos. Qué alivio. Pero dejemos a un lado el sarcasmo. Pensemos en la situación realmente preocupante de tantos colectivos del ámbito cultural que se enfrentan no ya a una época de «vacas flacas», sino a algo bastante más dramático: su más que eventual desaparición. La gravedad de las circunstancias vuelve tanto más sangrante y penosa la frivolidad, la fatuidad y la desvergüenza de la iniciativa de la Unión de Actores y Actrices, que no ha tenido más efecto que poner todavía más en evidencia, por si alguna falta hacía, la insignificancia y el narcisismo anejos a su idea de cultura y, ya puestos, a su ideario político y a su concepto de lucha social.

Mayo

Estaremos todos de acuerdo en que la literatura de encargo no tiene muy buena fama. Ocurre con ella como con lo de ser un «escritor profesional», una etiqueta con la que muy pocos se sienten cómodos. En un caso como en otro, parece como si quedaran rebajadas, cuando no puestas en entredicho, algunas de las connotaciones que todavía impregnan fuertemente, a menudo confundiéndolo, el concepto más al uso de autoría. Connotaciones de artisticidad, de creatividad, de originalidad.

Pese a lo cual, la literatura de encargo no ha dejado de desempeñar un papel nada desdeñable en la literatura contemporánea, también por estos pagos. Así, a bote pronto, se me ocurren un montón de novelas españolas que tienen por origen un encargo. Novelas de todo tipo de autores, comprendidos nombres como los de Cela, Benet, Pombo o Vázquez Montalbán, para que vean. Y tantísimos otros. Por no hablar de la infinidad de relatos escritos asimismo por encargo, ya sea para una antología temática, para un número especial de revista o para un suplemento de verano, por ejemplo.

Me limito ahora al concepto más convencionalmente restringido de literatura. Si lo ampliáramos y lo abriéramos al ensayo y al articulismo, deberíamos hablar del encargo como un factor muy determinante de la producción intelectual de nuestro país.

Y luego está, claro, el enorme caudal de literatura que, si bien ha sido escrita sin que medie el encargo de nadie, en definitiva se atiene con tanto o más rigor y servidumbre a las demandas y expectativas de la última moda o tendencia, del público, de un editor, del jurado de un premio...

Lo decía Belén Gopegui en una charla leída en 2007 y recogida en *Rompiendo algo*: «La exaltación del individualismo y de la libertad del artista no es sino una forma de encubrir el modo en el que hoy los artistas, los novelistas, los guionistas, salimos a la plaza del mercado como antes hacían los jornaleros. Salimos a vendernos, salimos a comprobar si hemos acertado con un encargo que no se formula explícitamente pero que está ahí».

Dejemos entonces de mostrar tanta aprensión a estas dos categorías, la de «escritor profesional» y la de «obra de encargo». Ninguna de las dos, por otro lado, tiene por qué lesionar el sacrosanto derecho a la «propiedad intelectual». Como mucho, le restan un poco de glamur.

En un coloquio celebrado hace un par de años en el Círculo de Bellas Artes de Madrid, a propósito de los nuevos límites del realismo, la moderadora, la periodista Inés Martín Rodrigo, preguntó a los participantes —Daniel Gascón, Elvira Navarro e Isaac Rosa— si se animarían en algún momento «a escribir de lo que está pasando ahora». Rosa contestó: «Si me lo piden, sí. Lo digo porque siempre echo de menos cierta demanda por parte de los editores. Igual que me piden artículos, me gustaría que me pidieran novelas».

Pero a lo mejor de lo que se trata es de no esperar a ese encargo explícito y empezar a escribir de una vez las novelas que nadie le ha pedido a uno, ni explícita ni tácitamente, entre otras cosas porque a nadie parece ocurrírsele que se puedan escribir.

La charla de Gopegui a la que he aludido se titula «Retaguardia y ficción». En ella habla del «repertorio de consignas en apariencia neutrales y que sin embargo marcan los límites de lo que se puede contar», y postula una narrativa que asuma programáticamente, en función de un proyecto plausible de vida en común, el «encargo» de imaginar posibilidades nuevas no ya para «escribir de lo que está pasando ahora» sino para escribir, además, de lo que podría estar pasando, de lo que muchos sienten que es necesario que pase de una vez.

«El arte no crea la necesidad; pero si esa necesidad existe, tal vez el arte (me refiero a la ficción) pueda ampliar unos centímetros su cauce», dice Gopegui.

Al final nadie escribe para sí mismo, no al menos si publica. Se trataría entonces de cobrar conciencia de para quién escribe, y para qué.

Julio

De tanto afilarla, su inteligencia se había convertido en un cuchillo que todo lo cortaba. Ya no sabía, ya apenas podía acariciar las cosas.

*

Hace ya mucho, conversando con Juan Marsé en uno de esos saraos de los que siempre parecía a punto de irse, como si la cosa no fuera con él —pero en los que, whisky en mano, tomaba nota de todo, sin problemas luego para decir a las claras lo que pensaba de cada uno (era un comentarista tan severo como agudo de libros y de reputaciones, y un infalible detector de cretinos)—, me contó una idea que tenía para un cuento que, hasta donde sé, nunca llegó a escribir. Se trataba de un viejo combatiente de la Guerra Civil, un abuelo batallitas, que, llegado a la ancianidad, no era capaz de recordar en qué bando había combatido.

Septiembre

Días atrás, ya no recuerdo quién ni dónde, observaba alguien la relativa escasez de libros de memorias escritos por mujeres. Como era de esperar, la constatación iba seguida de presunciones más o menos desaforadas sobre las razones de que así fuera.

Quiso la casualidad que a la vez estuviera consultando yo un librito que aprecio mucho y al que regreso a menudo: *Parejas y transeúntes*, de Botho Strauss, publicado en alemán en 1981 y traducido al español en 1986 por Genoveva Dietrich (Alfaguara). En él di con un pasaje que me pareció valioso para examinar esa mencionada escasez. Me tomo aquí el trabajo de resumirlo.

Strauss evoca a una tal L., diseñadora de vestuario, que se preguntaba en cierta ocasión «de dónde extraen las mujeres que trabajan artísticamente su fuerza creativa». Lo hacía después de contar cómo su madre le había confesado que, a consecuencia de criarla a ella, a L., había perdido los recuerdos de su propia niñez. La maternidad le había conferido aplomo y seguridad, la había redimido de su propio infantilismo, pero la había absorbido en los cuidados de su hija, y, con ello, le había robado su propia niñez.

L. pretendía que lo mismo ocurría a otras muchas mujeres. De ahí su pregunta. Pues la niñez robada «significa la destrucción del substrato nutritivo de la memoria, y sin memoria no hay creatividad».

Botho Strauss, o más bien el extraño narrador que piensa en su nombre, dice que este comentario le dio motivos de reflexión. Una reflexión que le condujo, en primer lugar, a preguntarse por la insatisfacción, cuando no el disgusto, que por lo general le producían los recuerdos de infancia relatados por mujeres. «¿Se trataba siempre de madres?». El caso es que esos recuerdos se le antojaban a él pálidos y poco vivos, faltos de «esa emoción o ese aspecto doloroso de la actualización, por la que la otra persona, la que escucha, se siente impelida a interesarse por el narrador en su totalidad».

«¿Es quizá cierto que a las mujeres les ha sido destruido el poder del recuerdo?», se pregunta Strauss. «¿Fueron los niños nacidos los que lo hicieron?»

A lo que se responde: «Los hombres acumularon en los años de madurez una capacidad más o menos grande de recuerdo. En las mujeres parece que se fue acumulando poco a poco, en todo caso brotaba poco a la superficie. En la familia tradicional, en la que le incumbía una parte capital de la educación y crianza de los niños, la mirada de la mujer solía estar dirigida hacia delante y por todos lados se le exigía un exceso de abnegación, que después se ha condenado suficientemente y en parte abolido por una vida social diferente, sin que por otro lado determinados contextos emocionales e inhibiciones profundas se hayan dejado reformar con pareja celeridad».

Según Strauss, «la mujer abnegada necesariamente era también la mujer sin memoria», pues «sólo el egocéntrico se acuerda con fuerza». Y aquí invoca Strauss el recuerdo de su propio padre, un hombre atrapado en «una vida estrecha, empobrecida y madura, que había acabado de un modo u otro con todas las ilusiones». Recuerda Strauss «con qué extraña avidez mi padre intentaba implantar en mí, su hijo, sus recuerdos más remotos, su tiempo perdido, dictándolo con violencia».

Aquel, el de su propio padre, «era un recordar absolutamente autoritario», dice Strauss. Lo que le invita a especular con la posibilidad de que, al menos hasta hace bien poco, «el recordar no era solamente una técnica de la creatividad masculina: era también el privilegio de la hegemonía masculina dentro de la familia», pues «el espíritu de la tradición quedaba representado en primera línea por el padre».

Strauss no deja de mencionar la figura tópica de la abuela, la vieja que cuenta historias. Pero, «aparte de que sólo muy pocos de entre nosotros, niños crecidos en las familias reducidas de este país, hemos tenido en casa una abuela narradora de este tipo, las historias que contaban eran a menudo más tradicionales que vividas personalmente, y les faltaba el énfasis subjetivo, el énfasis "enfermo", nacido del dolor, con el que el padre "en sus mejores años" recordaba».

Un punto de vista a considerar.

Octubre

Hace poco más de un año, el pasado mes de junio, Michelle Bachelet, alta comisionada de la ONU para los Derechos Humanos, visitó «por fin» Venezuela. Digo «por fin» porque, desde que ocupara ese cargo, en septiembre de 2018, Bachelet no dejó de recibir presiones para que realizara esa visita, con la expectativa puesta en el informe previsiblemente muy crítico que había de derivarse de ella. Quien más la presionó en este sentido no fue Estados Unidos, ni los portavoces del exilio venezolano, ni ninguna de las muchas instituciones y partidos que combaten activamente el gobierno de Maduro. Fue, contra todo pronóstico, Miguel Bosé, que durante meses acosó a Bachelet de forma casi obsesiva, no perdiendo ocasión —ya fuera en conciertos, en actos públicos de toda especie o en las redes— de reclamar a la exmandataria chilena que se personara en Caracas para cobrar conciencia de la situación de emergencia que padece el país. La campaña de Bosé en pro de esa visita fue subiendo de tono, hasta el extremo de tildar reiteradamente a Bachelet de «cobarde» y «cómplice del dictador» por aplazarla, y de colgar en las redes extraños videos, de anómala comicidad, en que la instaba a cumplir con su obligación.

Imposible no recordar, a este propósito, el idilio político que Bachelet y Bosé mantuvieron años atrás, y que tuvo su punto álgido en el multitudinario acto con que la entonces candidata a la presidencia de Chile cerró su campaña en 2006. Durante el mismo, Bosé interpretó una de sus más conocidas canciones, «Te amaré», dedicándosela a Bachelet, a la que se acercó para abrazarla, frente a un público enfervorizado.

Quién iba a decirle ese día a Bachelet que el mismo Bosé iba a convertirse, años después, en su pesadilla, poseído de una manía persecutoria que rozó en más de una ocasión lo delictivo.

«Quien con niños se acuesta, meado se levanta», tienta decirse ante un caso así. Pero lo preocupante no es tanto la chaladura y el patetismo cada vez más acusado de Bosé como la tendencia creciente de tantos políticos a procurarse durante sus campañas el apoyo de artistas y de famosos a los que no acredita ningún otro mérito, en lo relativo al sustento y al valor de sus opciones ideológicas, que el de su popularidad.

Hace ya mucho que la cultura de masas ha diluido perversamente el concepto de «intelectual», extendiéndolo a todo escritor o artista que, en cuanto tal, goza de suficiente visibilidad como para que sus opiniones obtengan alguna clase de repercusión pública. Lo peor de todo es que la confusión afecta a muchos escritores y artistas (incluidos en este lote actores de cine) que, por el hecho de serlo, se toman a sí mismos por tales, por intelectuales. En el campo de la canción popular, la confusión se agudizó con el ascendente de que gozaron, desde la década de los 50 hasta bien entrados los 80, los cantautores, muchos de ellos caracterizados por su compromiso político. De aquellos polvos estos lodos, y allí tenemos a Ana Belén y Víctor Manuel, por no ir más lejos, fungiendo de teloneros en tantos mítines de la izquierda. Hasta que en una de éstas, por ejemplo en el gran escenario de la Alameda de Santiago de Chile en que Bachelet cerró en 2006 su campaña presidencial, ¡se nos cuela Miguel Bosé!

Pensé esto, no sé por qué, cuando leí días atrás que Johnny Rotten, el exlíder de los Sex Pistols, declaró en *The Guardian* que votar a Trump era «la única opción sensata» de cara a las últimas elecciones en Estados Unidos. O que Morrisey, el exlíder de The Smiths, se pronuncia como nacionalista a ultranza, defendiendo el Brexit y cargando contra los inmigrantes. O que Calamaro, nacionalizado español, se posiciona a favor de Vox. Mientras tanto, Joe Biden recorría Pensilvania acompañado de Bon Jovi, que cantaba en sus mítines.

Pocos síntomas tan evidentes de la trivialización del discurso político y de su penosa tendencia a la espectacularidad mediática que la creciente facilidad a conceder representatividad a quienes sólo la detentan en el campo del gusto y de la sentimentalidad pero no en el de las ideas.

Diciembre

Hace ya mucho (¡más de cinco años!) traje a colación, en este mismo lugar, una pregunta que llamó poderosamente mi atención cuando la leí por primera vez. Se la hace Paul Valéry en una anotación de sus cuadernos. La vuelvo a copiar: «Si la literatura no hubiese existido hasta ahora, ni los versos, ¿los habría inventado yo? ¿Los hubiera inventado nuestro tiempo?».

Me sorprendió leer una respuesta explícita a esta pregunta por parte de Ricardo Piglia, nada menos. La encontré días atrás en las páginas de uno de los últimos libros que publicó en vida: *Las tres vanguardias* (Eterna Cadencia, 2016), donde reúne las once clases del primer seminario que impartió en la Universidad de Buenos Aires, en 1990, en un aula abarrotada, rodeado de una enorme expectación. *Las tres vanguardias* es un libro extraordinario, dedicado en buena parte a tres grandes narradores argentinos: Juan José Saer, Manuel Puig y Rodolfo Walsh. El análisis de sus obras va precedido de cuatro formidables lecciones en las que discurre, entre otras cuestiones, sobre el problema de la vanguardia, sobre la relación entre ésta y la novela, sobre las diferencias entre novela y narración, sobre la tradición y la traducción, sobre la literatura mundial y la literatura nacional.

En una de estas lecciones preliminares dice Piglia: «Yo he dicho, a veces en broma, que si nuestra sociedad no hubiera encontrado la literatura ya hecha, no la hubiera inventado; difícilmente hubiera inventado una práctica tan solitaria, tan contraria a la lógica rápida de la sociedad, de un individuo que en su casa escribe unos textos que nadie le pide y que nunca se sabe qué valor tienen o, en todo caso, qué precio tienen. Así que tenemos la suerte de que la literatura ya había sido inventada y, por lo tanto, lo que hacemos ahora es reformularla y volver a pensarla».

Piglia suelta esto al hilo de una reflexión sobre la influencia de los cambios tecnológicos en la literatura, más concretamente en la novela. Según él, la vanguardia se inserta en las mutaciones, los desvíos y las herencias malogradas que determinan la historia literaria. La pregunta que la vanguardia se haría no sería la de qué es la literatura, sino la de qué será la literatura. Una pregunta cuya respuesta pasa tanto por las relaciones de fuerza que en cada momento operan en la sociedad como por las condiciones tecnológicas que las determinan.

Piglia recuerda a Yuri Tiniánov, el formalista ruso, y de qué modo toma éste de Darwin el concepto evolución para comparar la historia de la literatura a la lucha de las especies por sobrevivir y perdurar. Como ellas, «las formas, los géneros, los procedimientos literarios luchan, se reproducen y mueren».

Si aceptamos este marco, puede que llevemos décadas asistiendo al final no tanto de ningún género o procedimiento determinado como del ecosistema entero en que surgió lo que aún seguimos entendiendo por literatura.

Se lo planteaba así Walter Benjamin en un texto célebre al que Piglia remite en más de una ocasión. Me refiero a «El autor como productor», conferencia leída por Benjamin en 1934. En ella dice que «estamos dentro y en medio de un vigoroso proceso de refundición de las formas literarias, un proceso en que muchas contraposiciones, en las cuales estábamos habituados a pensar, pudieran perder capacidad de impacto».

Obvio aquí el apasionante escrutinio que Benjamin hace de esta situación. Me limito ahora a subrayar la actitud en absoluto elegíaca con que la contempla. En otro texto de la época, «Experiencia y pobreza» (1933), defiende que lo característico de las más grandes inteligencias de su tiempo «es no hacerse la menor ilusión sobre la época y, sin embargo, tomar partido sin reticencias a su favor».

Benjamin admite sin tapujos el retroceso espiritual que se viene produciendo, el empobrecimiento generalizado de la experiencia, y observa cómo, «en sus edificios, en sus cuadros y en sus historias la humanidad se prepara a sobrevivir, incluso, a la cultura».

El nuevo artista, el nuevo intelectual, dice, para escándalo de tantos, trabaja para introducir «un concepto nuevo, positivo, de barbarie».

«Y, lo que es más importante —añade—, lo hace riéndose». Es esa risa la que tendríamos que aprender.

2021

Enero

En su libro póstumo *Fiesta bajo las bombas* (Galaxia Gutenberg, 2005), donde se recogen los apuntes destinados a rememorar sus años en Inglaterra, Elias Canetti dedica un breve capítulo a Enoch Powell (1912- 1998), en su día un muy destacado miembro del Partido Conservador inglés. De origen humilde, antes de dedicarse a la política Powell se convirtió en un reputado clasicista; obtuvo una cátedra como profesor de griego antiguo en Sidney, Australia, e hizo sus pinitos como poeta. Políglota, estudioso de altos vuelos en las más variadas lenguas, durante la Segunda Guerra Mundial formó parte de los servicios de inteligencia ingleses y alcanzó una alta graduación con un historial deslumbrante, cumpliendo misiones en el norte de África, en la India y en el Lejano Oriente. Su fulgurante carrera como parlamentario y como responsable de importantes cargos en los ministerios de Vivienda, de Hacienda, de Salud y de Defensa, quedó truncada a consecuencia de la comprometedora repercusión que tuvo su célebre discurso titulado «Ríos de sangre», de 1968. En él pronosticaba que en

Inglaterra correrían ríos de sangre si el país continuaba abriendo los brazos a los inmigrantes y concedía la nacionalidad británica a sus hijos y nietos por el simple hecho de haber nacido en su suelo. El primer ministro Edward Heat «sacrificó» a Powell, pero se estima que ese discurso fue decisivo para la victoria de los conservadores en 1970, y que decantó el voto de al menos dos millones de ciudadanos. Como no dejó de recordarse hace tres años, cuando se cumplió medio siglo desde que el discurso fue pronunciado, sus premisas nacionalistas y segregacionistas conservan hoy buena parte de su predicamento, no sólo en Inglaterra sino en buena parte de Europa y Estados Unidos. No me consta que los muchachos de Vox sepan quién es Powell, pero algunos de los pasajes de aquel discurso servirían sin duda para dar un poco de lucimiento a las aguerridas peroratas de Santiago Abascal.

Como sea, Powell era al parecer un tipo realmente brillante, arrollador. Cuando lo conoció en el Londres de los años 50, Canetti quedó fascinado por su encanto y su elocuencia. Y eso que aquella noche Powell no cesaba de invocar a Nietzsche y la voluntad de poder: «Rara vez me he encontrado con un antípoda tan extremo de todo lo que defiendo», anotó Canetti. A la vez que a Nietzsche, Powell también citaba a Dante, de quien decía que lo que más lo atraía era «la franqueza de su partidismo», el hecho de que «la lucha entre los ciudadanos aún significaba algo para él, todavía no había degenerado en formulismos corteses». Según Canetti, a Powell «no le gustaba lo civilizado del tono inglés, habitual en el Parlamento». «En tiempos de Dante», recordaba Powell, «*desterraban* a la gente, cuando llegaba al poder el partido enemigo había que abandonar la ciudad y no se podía volver a ella jamás». Y añadía: «El odio al enemigo era *ardiente*. La *Commedia* de Dante está llena de odio, Dante mismo no perdonaba nada, y tampoco olvidaba. Lo más grande en su obra es que no olvidaba nada».

Dan mucho que pensar estas palabras si uno las pone en relación con el actual escenario político, en el que produce alarma precisamente aquello que tanto atraía a Powell de Dante: el creciente descaro —la «franqueza»— con que algunos exhiben su *partidismo*. El desprecio cada vez más generalizado de lo que el mismo Powell llamaba «formulismos corteses» está conduciendo a un acelerado deterioro de la dialéctica parlamentaria y a un proporcional incremento de las fraseologías del odio, que esos «formulismos» contribuían a contener o a moderar. Los populismos que socavan los siempre débiles cimientos de las democracias suelen catalizar las simpatías que despiertan quienes se jactan de llamar «al pan, pan y al vino, vino». Todo invita a pensar que la democracia misma padece una confusión acerca de su propio ADN que la mueve a reconocerse heredera de la idealizada democracia ateniense y de los principios de la Ilustración, cuando más bien parece serlo de la lucha de facciones de la República florentina, en la que, en un clima saturado de odio, güelfos y gibelinos libraban una pelea a muerte.

Marzo

El corrector ortográfico de Gmail no reconoce los diminutivos y me los señala cada vez que me propongo mandar un correo. Supongo que habrá alguna manera de configurarlo y darle la instrucción de que los consienta, pero hasta el momento no he conseguido hacerlo. Lo mismo da, no suelo emplear muchos diminutivos en mis cartas, como tampoco en mis textos. Y eso que, si cabe decirlo así, siento por ellos —por los diminutivos— no sólo cierta simpatía y afición sino también verdadero interés.

Meses atrás, a propósito de *Cara de pan*, la penúltima novela de Sara Mesa, que hace un uso estratégico y bastante eficaz de ellos, se me ocurrió escribir lo siguiente: «Qué raros son los diminutivos en la prosa literaria española, y qué difíciles de emplear, como no sea en contextos de infantilismo, de parodia o de impostada cursilería. Y sin embargo el diminutivo es un uso recurrente en los lenguajes íntimos de los adultos, ya sean familiares o amorosos, y su relativa proscripción de la prosa literaria puede servir para denunciar cuánto de ese impudor que de un tiempo a esta parte ostentan algunos narradores españoles se vierte en una lengua sin embargo pudorosa, estilísticamente recatada, cuidadosa de no incurrir en eso mismo: en cursilerías, en intimidades susceptibles de ridículo, en los idiolectos de la privacidad».

Me ciño en este apunte a la prosa literaria y a los narradores o narradoras, no importa ahora de qué país (aunque algunas modalidades del español popular, por ejemplo la peruana, son más proclives que otras al diminutivo). Pero lo mismo podría decirse de la lengua poética, tanto en el idioma español como en cualquier otro de los europeos. El problema se me antoja que es general: el empleo de los diminutivos parece incompatible, salvo en muy excepcionales contextos, con lo que cabe entender por decoro literario.

En el transcurso de los dos últimos siglos, este concepto —el de «decoro literario»— ha conocido toda suerte de subversiones, sobre todo en lo relativo tanto a la expresión de la intimidad como de la sentimentalidad. La lengua literaria ha dado cabida a palabrotas y ordinarieces de la más varia ralea, ha desinhibido el vocabulario relativo al sexo y a la escatología, ha convertido en moneda corriente la procacidad, la obscenidad, la desvergüenza. Pero se me antoja que sigue existiendo todo un territorio pendiente de ser literariamente explotado fuera del amparo de la ironía o de la condescendencia: precisamente aquel en el que los diminutivos son moneda corriente.

Se me ocurría pensar en esto al releer no hace mucho el delicioso *Diario para Eliza* de Laurence Sterne (publicado años atrás por Igitur, 2002, en traducción de Pep Verger). Casi al final de su vida, cuando contaba 55 años de edad, Sterne, muy enfermo ya de tuberculosis, y precozmente envejecido, se enamora perdidamente de la joven Elizabeth Draper, de veintidós años, que está a punto de viajar a Bombay para reunirse con su marido, un oficial de la Compañía de las Indias Orientales. En las cartas que Sterne le dirige emerge una sentimentalidad que es ya plenamente contemporánea —burguesa, si se quiere— pero que aún no está atravesada por el patetismo romántico. Faltan siete años para que se publique el *Werther* de Goethe, que barrería con todo asomo de trivialidad amorosa, y el corazón enamoradizo del pobre Sterne no teme el ridículo de sus efervescencias, que proclama con convicción y ternura conmovedoras.

«Todas las cartas de amor son ridículas», sentenciaría muchos años después Fernando Pessoa. «No serían cartas de amor si no fuesen ridículas».

El reto consistiría entonces en dar carta de naturaleza al ridículo sin incurrir ni en la cursilería ni en el kitsch, los cuales no dejan de ser malentendidos: el fracaso de una intención que adopta estrategias equivocadas.

El mismo Pessoa señala un camino en sus preciosas cartas a Ofelia Queiroz, su «querido y pequeño bebé», su «bebé terrible», a la que escribe cosas como: «Me parece que hoy la llamaré por teléfono, y me gustaría darle un beso en la boca, con exactitud y glotonería y comerle la boca y comer los besitos que tuviera escondidos... y esto parece imposible que lo haya escrito un ente humano, pero está escrito por mí, Fernando».

Así.

Abril

El hotel de Mrs. Palfrey (1971), de Elizabeth Taylor (la otra, la escritora), es una novela sobre la vejez, quizá la más hermosa y delicada de cuantas recuerdo que tratan el tema. Fue traducida al español por Clara Janés, en 1986, y publicada en la memorable colección «Narradores de Hoy», de Bruguera. Me dicen que hay planes de volver a ponerla en circulación aquí en España. Ya era hora.

Muy al comienzo de *El hotel de Mrs. Palfrey*, la protagonista —cuyos primeros años de casada transcurrieron en Birmania, donde su difunto marido trabajaba como administrador— siente cómo le cuesta cada vez más adoptar cualquier resolución. Y dice el narrador, a modo de justificación: «Cuando era joven, tenía que dar una imagen en primer lugar a su marido, al que admiraba, después a sí misma, y en tercer lugar a los nativos (soy una mujer inglesa). Actualmente, en nadie veía reflejada la imagen de sí misma, y ésta parecía disminuida: había perdido dos tercios de su antiguo valor (ni esposo, ni nativos)».

Desde que lo leí por primera vez, me impresionó, en este pasaje, la idea tanto de la mengua como de la depreciación del yo. La idea del yo como un patrimonio devaluable; como una especie de territorio susceptible de verse ampliado o reducido en función de su capacidad para colonizar, por así decirlo, otros territorios. La idea del yo como un negocio, pequeño o grande, pero cuya prosperidad depende de una determinada clientela.

Expresada en estos términos, la idea resulta algo chocante; no cabe, sin embargo, sustraerse a lo que pone en evidencia: que existen instancias exteriores a uno mismo que determinan los alcances del yo.

Pero incluso en el recinto estricto de la interioridad, también el yo está expuesto a la pérdida. De qué modo puede ser así lo encuentro dramáticamente expresado en un aforismo de Georg Christoph Lichtenberg (el K-I/33,3; traduce Juan Villoro en Fondo de Cultura): «Mientras dura la memoria varios hombres trabajan dentro de uno mismo: el de veinte años, el de treinta. En cuanto ésta falla, uno se empieza a quedar más y más solo, las generaciones del yo se alejan y se burlan del viejo inerme. Sentí eso con gran fuerza en agosto de 1795».

Resulta turbadora, también, esta idea del yo como saga, como una especie de empresa colectiva en la que trabajan las sucesivas generaciones de uno mismo. No se trata aquí de la multiplicidad del yo, de sus divergencias y de sus escisiones, sobre las que tanto se ha discurrido. Se trata más bien del yo como construcción coral en la que participan todos los yoes que —cualquiera sea la armonía o complejidad con que se organizan— uno mismo ha ido segregando en el transcurso del tiempo.

Lichtenberg se estremece ante la perspectiva de que, conforme falla, la memoria barra buena parte del «personal» que contribuye a mantener el yo en su plenitud. En el extremo opuesto de la melancolía que a él lo asalta, pero partiendo de un mismo sentimiento del yo como una especie de factoría en la que las propias facultades trabajan como buenos operarios, vale recordar la estupenda carta que Jaime Gil de Biedma escribió a Gabriel Ferrater el 18 de agosto de 1956 (en *El argumento de la obra. Correspondencia*, edición de Andreu Jaume, Lumen, 2010): «Es una de las cosas más agradables del mundo. Levantarse, por ejemplo, hacer el *tour du propriétaire* de nuestra inteligencia y encontrar que los corderos se han reproducido, que los gansos están bien cebados para el *foie-gras*, que las vacas dan leche en abundancia, que las uvas están maduras y la pradera verde. En fin, que todo se ha reproducido y puja por sí solo..»..

Amargo ha de ser, sin duda, para quien ha conocido una euforia de esta naturaleza, enfrentarse —como le había de ocurrir al propio Jaime Gil— a la mengua del yo, a su despoblamiento, a su ruina.

Mayo

El genio de la época rara vez es un fenómeno individual, sino consecuencia de un cultivo en el que convergen un montón de aspiraciones y de influencias mutuas, de tensiones de todo género, de sutiles transfusiones de talento y de sumas de hallazgos que finalmente dan lugar al salto cualitativo. La historia del arte, de la literatura e incluso del pensamiento occidental, desde el siglo XVIII en adelante (y aun antes), lo demuestra de manera reiterada y concluyente.

La edad de oro de los intelectuales, el intenso periodo que en Europa precede a la Segunda Guerra Mundial y se prolonga después de concluida esta, hasta la década de los 60, ofrece un ejemplo particularmente significativo al respecto. En su ya viejo pero espléndido panorama de esta época (*La Rive Gauche. Inte-*

lectuales y política en París: 1935-1950), escribe Robert Lottman: «Al observar desde tan lejos la fermentación de los años 30, impresiona el hecho de que se tratara de un esfuerzo colectivo, resultado de reuniones ya fuesen informales y restringidas, ya fuesen amplias y públicas».

Lottman reconstruye de forma trepidante el ambiente de aquellos años, y con admirable pulso da cuenta de su apretado tejido de complicidades y enemistades, de conspiraciones y entusiasmos, de adhesiones y resistencias. Al evocar mucho después aquel tiempo, Clara Malraux empleó una fórmula estupenda: «La revolución era verse mucho». Palabras no tan frívolas como puedan parecer en un primer momento, por cuanto vienen a sugerir que el poder transformador de las ideas —pertenezcan estas al orden que sea— obra principalmente por contagio, y que éste se produce en condiciones de proximidad física, de intercambio no sólo verbal sino también visual, gestual e incluso carnal, en un ambiente en el que las afinidades y simpatías, las seducciones y las sinergias, intensifican el potencial fecundador de aquéllas.

Agosto

El pasado 6 de agosto falleció el antropólogo, ensayista, poeta y narrador Mikel Azurmendi, a quien me unía una vieja amistad. La esquela que publicó el *Diario Vasco* decía que murió trabajando en el huerto de su casa del monte Igueldo, rodeado de su hijo y de Irene, su compañera. Tenía 78 años, y al menos en dos ocasiones la muerte lo había rozado de muy cerca: la primera, en 1967, con un tiro de bala que le silbó en la oreja; la segunda, hace sólo siete años, con una dolencia pulmonar de la que se sobrepuso casi milagrosamente. Fuerte aún, el corazón se le paró lleno de ganas, de afición a la vida, y de aptitudes para disfrutarla.

Casi todos los obituarios destacaban su pertenencia a ETA en los años 60, y su resuelto abandono de la organización tras la V Asamblea, cuando se impusieron los partidarios de la lucha armada sobre los sectores «obreristas». Poco después, cuando ETA comenzó a matar, Azurmendi emprendió un profundo proceso de revisión de las creencias que movían a tantos jóvenes como él a suscribir los asesinatos. Consecuencia de ese proceso fue, ya desde finales de los 60, su activa y constante denuncia del nacionalismo radical, al principio en el marco de la revista *Saioak*, de inspiración fundamentalmente marxista, luego, mucho más adelante, actuando como portavoz del Foro de Ermua y participando en la fundación de la plataforma cívica ¡Basta Ya! Entremedio, la trayectoria de Azurmendi (su exilio de ocho años durante el franquismo, su difícil reinserción en la España democrática, el acoso y aislamiento de que fue víctima cuando era profesor de Antropología social en la Universidad del País Vasco, su penosa salida de Euskadi atenazado por amenazas de muerte, su conflictiva etapa como presidente del Foro para la Integración Social de los Inmigrantes bajo el segundo gobierno de Aznar) ilustra la dramática evolución de tantos miembros de su generación —y de la siguiente— a los que la resaca de sus juveniles fervores revolucionarios, la nítida condena del terrorismo y la a menudo lúcida oposición al nacionalismo y a las pasiones identitarias han abocado a posiciones políticas peligrosamente vecinas al conservadurismo más beligerante.

Entre los «daños colaterales» del nacionalismo radical queda por contar el «secuestro», por parte de la derecha, de un buen número de inteligencias de primer orden. Cabría preguntarse si el antinacionalismo no termina por inocular en quien lo profesa obsesivamente el mismo virus que trata de combatir, alineándolo con opciones políticas que tienden a replicarlo especularmente. Pero cabe preguntarse también, sobre todo en relación a Euskadi y al medio siglo en que padeció el azote del terrorismo, si la izquierda cultural no tiene cierta responsabilidad en la pavorosa intemperie a la que quedaron expuestos algunos intelectuales que rompieron valientemente el silencio cómplice de buena parte de la sociedad vasca ante los asesinatos de ETA; una intemperie de la que sólo les brindó amparo la derecha patriotera, más o menos constitucionalista.

Son preguntas delicadas, difíciles de hacer, tal vez indignantes para más de uno, pero que la trayectoria de Azurmendi sirve para plantearse y tratar de responder, con tanto mayor rigor en cuanto él mismo se resistió a «la crítica perversa» que intentó presentar sus argumentos «con los trazos gruesos y maliciosos del españolismo». Su muy recomendable libro autobiográfico *Ensayo y error* (2016) ofrece un vivo y apasionado testimonio de esa trayectoria, reflejada previamente en varios de sus notables ensayos y novelas.

Por lo demás, con toda su vehemencia, Azurmendi fue un hombre esencialmente dialogante. Lo forzaban a ello, además de su ética cristiana, su sólida formación universitaria, la amplitud de sus lecturas, su insaciable curiosidad y, por lo que toca a Euskadi, el conocimiento tan vasto que tenía de su lengua, de su historia y de su cultura, que contribuyó a documentar admirablemente.

Él mismo, en sus últimos años, sometió su propia trayectoria a un exhaustivo trabajo de introspección, del que salió dichosamente fortalecido en su incondicional adhesión a la vida buena. Poco después, ser testigo de la muda y abnegada labor de ciertas comunidades cristianas removió la vieja fe de su infancia y adolescencia —la fe de sus padres—, que abrazó y profesó de nuevo con emocionante convicción.

Septiembre

El diario *La Vanguardia* impulsó meses atrás una sección titulada «Grandes discursos del siglo XX». En el marco de la misma se publicó, a comienzos de este mes, la declaración que hizo Jean-Paul Sartre para explicar las razones de su rechazo al Premio Nobel, cuando le fue concedido en 1964. Nunca había leído yo este texto en su integridad. Hacerlo en estos tiempos, y precisamente en estas fechas, cuando en España está a punto de empezar la ronda anual de premios literarios, invita a algunas consideraciones quizás oportunas.

Empecemos por recordar que Sartre rechaza un premio para el que no se ha postulado y que le fue concedido de todas formas, por mucho que ni concurriera a su entrega ni cobrara su importante dotación económica (250.000 coronas de la época). Se trata, como es sabido, de una de las más altas distinciones a que puede aspirar cualquier escritor, y quien la concede —la Academia sueca— lo hace por razones supuestamente desvinculadas de cualquier interés ni material ni propiamente ideológico. Pese a lo cual, Sartre se revela altamente susceptible al carácter simbólico de la institución y a su posición implícita en la decisiva guerra cultural que tiene lugar en aquel momento. Recuérdese que son los años más críticos de la Guerra Fría.

Pero oigamos a Sartre: «El escritor que adopta una posición política, social o literaria debe actuar únicamente con los medios que le son propios, es decir, la palabra escrita. Todos los honores que puede recibir exponen a sus lectores a una presión que no considero deseable. Si me designo a mí mismo como Jean-Paul Sartre no sería lo mismo si me designara Jean-Paul Sartre, ganador del Premio Nobel. El escritor que acepta un honor de esta clase se involucra a sí mismo con la asociación o institución que lo ha honrado [...] Pero el escritor debe negarse a dejarse transformar en una institución, incluso si es bajo las más honorables circunstancias, como es en el presente caso».

Tal es el núcleo de la argumentación de Sartre, que luego añade consideraciones de orden más netamente político, entre las que se cuentan, por un lado, su desacuerdo con algunas de las decisiones adoptadas en el pasado por la Academia sueca, y por otro su susceptibilidad ante las interpretaciones a que podía dar lugar su aceptación del premio en los medios de la derecha.

La posición de Sartre se refiere específicamente a los honores oficiales, a los que siempre se resistió. Salvadas las distancias, algunos de sus argumentos se compadecen bien con los que, de manera igualmente plausible, blandió Javier Marías con ocasión de rechazar el Premio Nacional de Literatura en 2012.

¿Hasta qué punto razones de este tipo mantienen su validez cuando se trata de premios, por así llamarlos, «comerciales»? ¿Hay motivos para pensar que las editoriales que los conceden no son instituciones ideológicamente connotadas y que el tipo de reconocimiento que otorgan no impregna la figura pública del escritor en cuestión? La descarada venalidad de los intereses puestos en juego, ¿descompromete al escritor de consideraciones políticas, éticas e incluso estéticas?

No me refiero sólo (si bien debería ser un factor a tener en cuenta) a las complicidades de los grandes grupos editoriales con partidos políticos y medios de comunicación inequívocamente connotados. Me refiero también, cómo no, ya en otra escala, a la consabida trastienda de arreglos previos entre editores y agentes literarios, a los conchabamientos y disimulos, a la mecánica falseada de las deliberaciones, a la participación a menudo cínica de los jurados, a la no menos cínica y encima servil connivencia de la prensa cultural con lo que a todas luces es una operación publicitaria, a la alegre concurrencia de las autoridades culturales en los festejos correspondientes... y a un largo etcétera de aderezos que han convertido a los premios literarios comerciales en una pintoresca instancia de consagración que algunos todavía fingen tomarse en serio, empezando por los lectores, y que desvirtúa de manera significativa la cartografía literaria del país.

No es cuestión de rasgarse las vestiduras ni de sacar las cosas de quicio. Que los escritores no se sientan concernidos por nada de esto es una opción respetable. Pero lo es más la contraria, me parece.

Octubre

Nada se aprende porque de nada se guarda memoria. Treinta años después de los fastos que rodearon el V Centenario del Descubrimiento, en 1992, vuelven a repetirse las mismas monsergas, las mismas insensateces, como si de nada hubiera servido cuanto entonces hubo ocasión de debatir y esclarecer. Las consabidas majaderías que algunos líderes políticos de la derecha española, con su cohorte de historiadores y escritores mentecatos, han puesto en circulación durante las últimas semanas acerca de la Conquista compiten en desafueros con las reclamaciones de «perdón» y los disparates genealógicos de tantos revisionistas exaltados. Pero ya la sola enumeración de los lemas con que se celebra en el ámbito hispánico la fecha del 12 de octubre da cuenta, hasta extremos verdaderamente cómicos, del nivel de malentendido sobre la materia que cunde a una y otra orilla del Atlántico: Día de la Hispanidad (España), Día del Respeto a la Diversidad Cultural (Argentina), Día de la Resistencia Indígena (Venezuela y Guatemala), Día de la Resistencia Indígena, Negra y Popular (Nicaragua), Día del Encuentro de Dos Mundos (Chile), Día de Colón (Estados Unidos), Día de la Descolonización en el Estado Plurinacional de Bolivia (Bolivia), Día de las Culturas (Costa Rica), Día de la Interculturalidad y Plurinacionalidad con Inclusión y Justicia (Ecuador), Día de los Pueblos Originarios y del Diálogo Intercultural (Perú), Día de la Identidad y Diversidad Cultural (República Dominicana), etc.

¡Por favor! ¿Alguien sabe de qué demonios se está hablando?

¡Si Rafael Sánchez Ferlosio levantara la cabeza! ¡Otra vez vuelta a empezar!

«Tristes tiempos estos en los que hay que luchar por lo evidente», reza una conocida frase de Friedrich Dürrenmatt que muchos atribuyen a Bertolt Brecht, o a quien convenga. Lo mismo da: fuera quien fuese quien la dijera, tenía razón. Qué tiempos estos, en efecto.

Con vistas al V Centenario del Descubrimiento, Ferlosio, harto de sandeces, escribió varios textos impagables, todos reunidos en el volumen 2 de la edición completa de sus *Ensayos* (Debate), volumen que lleva por título, muy significativamente, *Gastos, dis-*

gustos y tiempo perdido. Allí, bajo el epígrafe «El Anti-centenario», se dan, junto a otros materiales curiosos e instructivos, dos artículos soberbios («Cinco siglos de Historia y desventura», de 1993, y «Compulsión apologética y *marketing* de Estado», de 1992), que preceden a su formidable y contundente ensayo *Esas Yndias equivocadas y malditas*, de 1988.

Dado el relieve que en estos días ha cobrado el tema, y dadas las manipulaciones torticeras de que viene siendo objeto con intereses políticos, no puedo menos que recomendar encarecidamente la lectura de estos textos, que por otro lado, todos sumados, apenas alcanzan las doscientas páginas, todas aleccionadoras y estupendamente escritas. En ellas Ferlosio, haciendo gala de un pormenorizado conocimiento de todo tipo de fuentes históricas y literarias, desmiente todos los tópicos que estos días han vuelto impunemente a circular, no pocos de ellos en boca de políticos a los que debería abochornar hablar tan de oídas sobre asuntos tan relevantes y documentados.

Me limito aquí a traer lo que dice respecto a uno de los más conspicuos: esa «falacia histórica» consistente en decir que «en América hubo fusión de pueblos o de razas». La falacia, nos enseña Ferlosio, consiste «en no distinguir entre fusión y mestizaje y pretender colar lo uno por lo otro. La fusión, si se me admite como término preciso, comportaría una reciprocidad, una bilateralidad, en cuanto al sexo de las uniones mixtas [...] Nada de esto sucedió en América, sino que los *partenaires* exclusivos de la presunta fusión fueron el varón blanco y la hembra india o negra. Y por mucho que en 1514 se autorizase el matrimonio de españoles con mujeres indias [...] tal mestizaje no puede recibir, étnicamente hablando, otro nombre que el de violación de los pueblos conquistados por los conquistadores, violación de los dominados por los dominadores, de los siervos por sus señores, de los esclavos por sus amos. La hembra blanca permaneció, étnicamente, virgen. Gracias a esta virginidad —y realcanzando con ello el sentido originario y más profundo de la subordinación femenina— pudo sentirse la mujer blanca dignificada en su inferioridad respecto del varón, recompensada de ella, con el íntimo orgullo de ser depositaria de la superioridad étnica de su propia estirpe».

Noviembre

Se la conoce como la Guerra Inexpiable, debido a la extraordinaria crueldad que desplegaron los dos bandos. También, más comúnmente, como la Guerra de los Mercenarios, dado que quienes la desencadenaron fueron las hordas de mercenarios reclutados por Cartago durante la primera de las guerras púnicas (264-241 a.C.), en la que Roma y Cartago combatieron por el dominio de Sicilia y el control del Mediterráneo. Con las arcas del país exhaustas a consecuencia de la guerra y de las indemnizaciones que había de pagar a la Roma victoriosa, Cartago quiso regatear a los mercenarios el pago que les debía, con tan mala fortuna que éstos optaron por rebelarse y hacerse con un botín muy superior: la espléndida capital, llena en su imaginación —y también en la realidad— de tesoros y riquezas.

La guerra tuvo una duración de tres años y cuatro meses (241-238 a.C.), y en su desarrollo, lleno de vicisitudes, tuvieron lugar las más impensables barbaridades. El bando de los mercenarios estaba constituido por millares de hombres procedentes de tribus de Europa, África y Oriente Próximo: libios, ligures, celtas, íberos, baleares, griegos... Su experiencia en la guerra y su salvajismo los convirtió en un ejército temible, bizarro, de hábitos y atuendos variopintos, cada cual hablando su propia lengua, todos sedientos de oro y de sangre, todos soñando con entrar en Cartago y saquearla, conquistando de un solo golpe su suerte.

Este episodio histórico —documentado, entre otros, por Polibio— inspiró a Flaubert la que iba a ser su segunda novela publicada, *Salambó* (1862), en las antípodas de *Madame Bovary* (1857). «Siento la necesidad de salir del mundo moderno, donde mi pluma se ha mojado demasiado, y que me fatiga tanto reproducir como me asquea contemplar», escribió Flaubert en una de sus cartas. Cinco años consagraría al proyecto, que le iba a suponer innumerables lecturas e infinitos tormentos, hasta dar con el tono que le parecía adecuado. ¿El resultado? Una fantasía orientalista llena de violencia y de preciosismo, una especie de ópera trágica, barroca, alucinada, con una suntuosa y abigarrada puesta en escena.

La novela cosechó en su momento un éxito notable, y desató toda una moda indumentaria en el París de la época. Pero la posteridad no ha logrado sofocar las reservas que hacia ella manifestaron algunos críticos y lectores, y si bien cuenta todavía con admiradores entusiastas, abundan también los que no ven en ella más que un vistoso ejercicio estilístico de plúmbeos efectos, una epopeya lírica, un elaborado capricho de bisutería y cartón piedra. A la imaginación moderna, maleducada por el cine, *Salambó* se ofrece, ciertamente, como una especie de péplum gore, una mezcla de Fellini, Peckinpah y Tinto Brass. O, por buscar paralelismos más literarios, como un remoto precedente del tremendismo estetizante de Corman McCarthy.

Hay sin embargo un aspecto de la actualidad que, inesperadamente, invita a releer *Salambó* como metáfora y profecía de una realidad dramática y apremiante, que a todos nos afecta. Me refiero al sitio al que someten a Europa los grandes flujos de refugiados e inmigrantes procedentes sobre todo de África y de Oriente Medio. Por supuesto que nada tienen que ver estas masas migratorias con los viejos mercenarios. Pero a Europa no le cabe desentenderse de su responsabilidad histórica en los conflictos que las han provocado, y los miles de inmigrantes que actualmente se amontonan en la frontera entre Bielorrusia y Polonia, los que desde hace años se hacinan en la isla griega de Lesbos, los que a diario arriesgan sus vidas cruzando en pateras el trecho de mar que separa las costas norteafricanas de las de Italia y España, o las de Francia de Inglaterra, bien admiten ser contemplados como punta de lanza de un ejército amorfo e irregular —pero a su modo también combativo, pues lo anima la desesperación— que asedia las murallas de una prosperidad labrada a menudo a cuenta de su explotación y su sacrificio.

Basta un pequeño esfuerzo de la imaginación para reconocer en la Guerra Inexpiable recreada por Flaubert un trasunto sangriento y estilizado del atroz combate que no deja de desarrollarse en las lindes de Europa entre su espantada ciudadanía y las oscuras multitudes que acechan un bienestar cada vez más tambaleante.

2022

Enero

En 1853 se declaró en Preston, Lancashire, una huelga de tejedores que se prolongó durante siete meses y paralizó la entonces poderosa industria algodonera de la ciudad. Atraído por el acontecimiento, que mantuvo en vilo a todo el país, Charles Dickens se desplazó allí de incógnito en enero de 1854 y, entre otras cosas, asistió a una gran reunión de obreros en la que se discutía si continuar la huelga o no. Con las notas tomadas durante aquella visita escribió Dickens un reportaje para *Household Words* ("Palabras domésticas"), el semanario que él mismo dirigía por ese entonces. En su reportaje transmite el respeto y la simpatía que le inspiraban los trabajadores en huelga, si bien su opinión sobre la misma es más bien negativa: se trataba, dice, de un «error honrado» (*honest mistake*). Lo presenciado en Preston, en cualquier caso, iba a nutrir la novela que publicaría por entregas ese mismo año: *Tiempos difíciles*, de la que suele decirse que es «la primera gran novela de la edad industrial». En ella no se describe huelga alguna, o no al menos propiamente, pero sí una asamblea de obreros, a cuyo líder, por cierto, dibuja

Dickens caricaturescamente, presentándolo como un demagogo manipulador y resentido. Tanto o más caricaturesca y feroz, sin embargo, es la semblanza que hace de los dueños de las fábricas y sus secuaces, en particular del todopoderoso Mr. Bounderby, una repugnante mezcla de imbécil y villano jactancioso.

Leída desde la actualidad, *Tiempos difíciles* se nos ofrece como un cuadro bastante ingenuo y tosco del mundo terrible que describe: una especie de xilografía expresionista de lo que era una urbe industrial del XIX, sempiternamente cubierta del humo y del hollín que despedían las chimeneas de sus fábricas. Una xilografía iluminada, eso sí, por ese resplandor caritativo característicamente dickensiano.

Hay que hacer un esfuerzo para cobrar conciencia de los equilibrios que Dickens tuvo que hacer para no indisponerse con su numeroso público, constituido en buena parte por lectores que se sentirían escamados por la tibieza con que su autor favorito trataba el descontento de la clase obrera y por la condena explícita que se desprendía de su visión de los patronos y de la clase política que velaba por sus intereses.

Lo cierto, en cualquier caso, es que *Tiempos difíciles*, si bien gozó del favor popular que despertaban todas las novelas de su autor, produjo perplejidad y embarazo entre sus reseñistas. El primero de ellos, John Forster, amigo personal de Dickens, la elogió con entusiasmo, hecha la siguiente salvedad: «En cuanto implica el planteamiento directo de cualquier cuestión de economía política, nos abstenemos de comentarla». De forma más negativa y condescendiente iban a referirse a ella críticos de tendencia más conservadora como E.P. Whipple, quien especulaba, al comentarla, que «durante la redacción de esta obra, el autor estaba evidentemente en un estado de irritación respecto a cuestiones sociales y políticas». A lo que añadía poco más adelante: «Llegará el día en que será tan deshonroso intelectualmente para una persona educada lanzarse a una cruzada contra las leyes establecidas de la economía política como a una cruzada contra las leyes establecidas del universo físico. Entretanto, el hecho de que hombres como Carlyle, Ruskin y Dickens puedan escribir tonterías sobre economía política sin perder rango intelectual muestra que la ciencia de la economía política, antes de que lleguen a admitirse universalmente sus verdades beneficientes, tiene que superar una larga batalla contra sofismas benévolos y pasiones benévolas».

Cabe imaginar que algo parecido pensarán, más de siglo y medio después, no pocos críticos y lectores del presente respecto a las últimas novelas de autoras como Belén Gopegui y Ali Smith, pongo por caso.

Pero sigamos con *Tiempos difíciles*. En un breve y extraordinario ensayo sobre las obras de Dickens, G.K. Chesterton recuerda el comentario que lord Macaulay, destacado representante de los *whigs*, el partido liberal de Gran Bretaña, dedicó en su momento a la novela que nos ocupa: «Uno o dos pasajes de exquisito *pathos*, y el resto de resentido socialismo».

Nadie menos sospechoso de progresismo que Chesterton. Así que sus observaciones a este comentario, como las que hace a propósito de la actitud política de Dickens en general, no pueden ser tomadas en absoluto como indicio de parcialidad apriorística. Tanto más vale la pena glosarlas y confrontarlas con la retórica que emplea en la actualidad el neoliberalismo rampante, particularmente en España.

Comienza Chesterton remontándose a la Revolución francesa y sugiriendo que «el error clave» que se comete respecto a ella consiste en que se habla de la misma como la introducción en el horizonte de la humanidad de una nueva idea: la que formula el conocido lema de «Libertad, igualdad, fraternidad». Ahora bien, según Chesterton «no hay ideas nuevas». En eso precisamente consiste la consternación que produjeron los sucesos de 1789. «Lo que resulta irritante acerca de la Revolución francesa es que en realidad no se trataba de la introducción de un nuevo ideal, sino de la realización práctica de uno muy antiguo. Desde los tiempos de los cuentos de hadas, los hombres habían creído siempre en la igualdad, siempre pensaron que debía hacerse algo, dentro de lo posible, para restablecer el equilibrio entre Cenicienta y sus horribles hermanas. Lo irritante acerca de los franceses no es que dijeran que había que hacerse algo al respecto; todo el mundo lo decía. Lo irritante fue que lo hicieron».

Por supuesto que Chesterton simplifica. Lo sigue haciendo cuando pretende que «la fórmula republicana establecía simplemente que el Estado debe consistir en el gobierno igualitario de todos los ciudadanos [aquí al menos emplea el término más preciso y selectivo de "ciudadanos", y no ya el de "hombres"], por muy desigual que sea cualquier otra cosa que hagan.

En su capacidad de miembros del Estado, todos están igualmente interesados en su preservación».

Lo significativo es cómo Chesterton pretende que «el pueblo inglés, como un todo», absorto como estaba en el proceso de radicalización de los principios liberales impulsado por la Escuela de Manchester, «se empecinó en interpretar la democracia únicamente en términos de libertad». «Decían, en resumidas cuentas, que mientras tuvieran más y más libertad no importaba si disfrutaban de igualdad y fraternidad». A lo que apostilla Chesterton: «Pero con ello se violaba la trinidad sagrada de la política: confundieron a la gente y dividieron la esencia de la democracia». El énfasis casi histérico en «la libertad» hizo perder la cabeza, según Chesterton, a casi todas las grandes inteligencias del momento. A sus ojos, sólo un hombre la mantuvo en su sitio. Y ese hombre fue Dickens. «No sabía nada de la Revolución y, aun así, dio en el clavo. Volvió hacia el lugar común de origen de los sentimientos en los que siempre ha estado fundada, como la Iglesia está fundada en una roca».

«Dickens estaba allí para recordarle a la gente que Inglaterra había robado dos de las palabras originales del lema revolucionario; había dejado únicamente Libertad y había destruido Igualdad y Fraternidad. En este libro, *Tiempos difíciles*, reivindica especialmente la causa de la igualdad. En todos sus libros reivindica la causa de la fraternidad».

Cuando lord Macaulay escribió acerca de *Tiempos difíciles* eso de «uno o dos pasajes de exquisito *pathos*, y el resto de resentido socialismo» estaba confundiendo con una nueva fórmula llamada socialismo «lo que en realidad era tan solo una vieja fórmula llamada democracia», dice Chesterton. Macaulay y sus *whigs* «habían modificado y maltratado hasta tal punto la idea original de Rousseau y de Jefferson que, cuando volvieron a encontrarse con ella, pensaron que era algo completamente nuevo o excéntrico. Pero la verdad es que Dickens no era un socialista sino un liberal sin corromper; no estaba lleno de resentimiento, es más, se podría decir todo lo contrario: que, extrañamente, estaba lleno de esperanza. Le llamaban socialista resentido con el único propósito de disfrazar su propio asombro de encontrar todavía suelto por las calles de Londres a un republicano feliz».

Si *Tiempos difíciles*, concluye Chesterton, es, «como su nombre sugiere», la más difícil de las obras de Dickens —acaso porque no se encuentra en ella, en las proporciones a que tenía acostumbrados a sus lectores, las dosis de bondad y de bufonería de las que están provistas otras muchas de sus novelas—, «ello tan sólo resalta el hecho de que su figura se yergue prácticamente en solitario postulando una visión más humana y divertida de la democracia».

Estimo de lo más sugerente y oportuna esta perspectiva sobre Dickens, a quien Chesterton define como «un auténtico liberal que postulaba el retorno del auténtico liberalismo». En unos tiempos en que los liberales, invocando la libertad como una especie de mantra, se autoproclaman estentóreamente como los garantes de la democracia, Chesterton, sirviéndose de Dickens, subraya la vaciedad de ésta cuando renuncia a la tridimensionalidad que reclaman las otras dos premisas —la de la igualdad y la de la fraternidad— que la constituyen.

Febrero

Fragmentos de la conversación mantenida con Gonzalo Torné a propósito de la publicación de *El nivel alcanzado* (Debate), una selección de mis artículos y reseñas sobre literatura en lenguas distintas del castellano.

¿Qué espacio ocupa la crítica de literatura en lengua extranjera en tu desempeño como reseñista?

Diría yo que un espacio desdichadamente marginal, y fundamentalmente recreativo, por no decir retributivo. Reseñar libros de autores extranjeros, por lo general de reconocida estatura, era la golosina que reclamaba por mi disciplinado desempeño como reseñista de narrativa en lengua española. ¡Yo también tenía derecho a viajar! ¡Y a oxigenarme! Por bien que esté ceñir el territorio de la propia jurisdicción, a efectos de no dispersarse, también lo está respirar otros aires y ejercitar otros músculos. Como le decía a Rudyard Kipling su madre: «¿Qué saben de Inglaterra los que sólo conocen Inglaterra?».

¿Consideras muy distinto el papel de un crítico en la propia lengua y el propio país que el crítico de «literatura en lengua

extranjera»? ¿Te tentó escribir más sobre literatura alemana, francesa o inglesa?

Sí, por supuesto. A eso aludo explícitamente al comienzo de la «nota preliminar» que antepuse a los textos, tras el prólogo de Andreu Jaume. Sugiero allí que, pese a su común apariencia, las reseñas de novedades en la propia lengua y las de libros en lengua extranjera requieren una actitud y un instrumental muy distintos. Tanto es así, digo, que casi produce escrúpulos englobar bajo un mismo rubro las dos cosas. Los libros traducidos llegan a nuestras manos doblemente sancionados (por sus editores de origen y por los que los traducen), y llegan precedidos de una recepción previa: la que el título en cuestión tuvo en su propia lengua. Las novedades en la propia lengua, por el contrario, exigen un esfuerzo de comprensión y de comunicación que carece de agarraderos previos. La responsabilidad, por así llamarla, es mucho mayor, y mucho más decisiva para la fortuna del libro. La labor enjuiciadora es mucho más comprometedora, como lo es también el lenguaje de acogida que uno opta por emplear, y que en no pocos casos —sobre todo cuando se escribe para un medio influyente— llega a determinar la comprensibilidad, por así llamarla, del libro en cuestión. Por lo que a mí toca, desemboqué en el reseñismo de manera más bien accidental. Al comienzo reseñaba libros de todo tipo, escritos originalmente en cualquier lengua. Fue poco a poco como fui cobrando conciencia de que la credibilidad de un reseñista se sustenta en buena medida en el conocimiento específico de la tradición literaria en que opera. Quien habla de todo, mal puede hablar con fundamento. He usado antes el término «jurisdicción», que me parece oportuno a la hora de definir los alcances de un reseñista de novedades que aspira a cierto grado de autoridad.

El libro no solo recoge reseñas, sino también otras «ocasiones críticas», ¿varía mucho la manera de pensar un autor o un libro si se trata de escribir una reseña, un prólogo o una conferencia?

Por supuesto. Se trata de funciones distintas del discurso, las dos últimas de carácter netamente divulgativo y/o reflexivo, la primera más enjuiciadora. Cada género, por así llamarlo, requiere el empleo de músculos distintos, por continuar con la dichosa metáfora (cualquiera diría que soy un gimnasta). Podríamos decir incluso que reclama distintas actitudes «morales». Claro que se pueden producir ocasionalmente interferencias y coincidencias. El entusiasmo que nos suscita un libro se puede volcar indistintamente en una reseña, en un prólogo y en una conferencia. También, pero mucho más raramente, el desagrado. Estos días en que se celebra el centenario del *Ulises* de Joyce, recuerdo entre risas el disuasorio prólogo que Juan Benet escribió sobre la novela, execrándola. Ferlosio hizo algo semejante con el *Pinocho* de Collodi. Pero son casos atípicos, derivados de idiosincrasias nada comunes.

Lo más llamativo del libro son las «codas» que añades a los viejos textos, es como si debatieses con tu propia lectura, con tu propia experiencia como lector. No es propiamente una pregunta, pero creo que pone de manifiesto hasta qué punto la lectura está «situada», sujeta a unos cuantos condicionantes (como el tiempo) que no suelen verse.

Así es. Toda lectura es coyuntural. De ahí que, como decía Barthes, cada época recubra o «tapice» las grandes obras del pasado con su propio lenguaje, con su propio sistema de intereses y de referencias. El texto es único, pero sus lecturas e interpretaciones cambian e incluso se contradicen en el transcurso del tiempo. Pero me estoy poniendo estupendo: lo que quiero decir, más llanamente, es que siempre he sido muy consciente de ese carácter coyuntural del reseñismo, que, bien entendido y practicado, está obligado a atender a factores y circunstancias pasajeras que nadie tiene por qué recordar. El éxito irritante de un libro determinado, la moda que desató, o bien la incomprensión de que fue objeto por parte de una crítica turulata; el premio que un libro obtuvo, las estupideces que su autor fue capaz de proferir durante la promoción, la situación política o el escándalo que le brindó visibilidad, la recomendación idiota de un político… Todas estas son circunstancias que determinan y nutren, cuando no condicionan, el juicio del reseñista. Éste no escribe para la posteridad (aquí deberían escucharse risas enlatadas), pobre de él si lo hace, sino para los lectores del presente, sus contemporáneos. Ahora bien, siendo así, ¿qué sentido tiene recoger las propias reseñas en un volumen? Siempre he sentido muchos escrúpulos al hacerlo, y he tratado de sortearlos de diferentes maneras. En este caso, añadiendo a muchas de las reseñas coleccionadas unas «posdatas» que relanzan la propia lectura en distintas direcciones, en unos casos reevaluándola, en otros añadiéndole consideraciones digresivas o actualizándola. Ha sido un modo de introducir tensiones nuevas en textos ya viejos, y de justificar frente a mí mismo la impertinencia de volver sobre lo que fue dicho en su momento con atención a connotaciones acaso perdidas entretanto.

En la página 59 (atención a la precisión) hablas de cómo los discípulos de un escritor pueden llevar no sé si a aborrecer al maestro, pero si a superponerse y a distorsionar. A mí me pasa con Borges, que tengo que forzarme a recordar que lo que parece tan sobado es original. ¿Son más «frescos» los escritores sin discípulos?

Se agradece la precisión. Siempre se agradece la precisión. Decía Pessoa que detestaba la mentira porque era una inexactitud. La precisión nos va quedando como una de las formas residuales de la verdad. Pero vayamos a la pregunta. Siempre me ha interesado mucho la dinámica de las voces y sus ecos. ¿Es la voz responsable de sus ecos?, me pregunto en ese texto al que aludes. ¿Segregan determinadas poéticas, determinados estilos (por no hablar ahora de ideas) los elementos que, una vez triunfan, resultan tan empalagosos, tan caricaturizables? Es una discusión interesante, que cabe plantearse a propósito de muchos autores a los que nos cuesta regresar porque entretanto sus imitadores han saturado, por así decirlo, el efecto de sus obras. ¿Y qué culpan tiene ellos? Hmmmm, no sé. No lo tengo claro del todo. Me interesa esa categoría que empleas: la de frescura. A lo mejor ese imperativo de la modernidad, el imperativo de lo nuevo, admite ser traducido por eso: por una necesidad de frescura. Puede que la única fórmula para sustraerse a la maldición de los imitadores sea la que proponía Nicanor Parra: «Primera condición de toda obra maestra: pasar desapercibida».

Un tema actual: separar al autor de la obra. En el caso de Jünger parece como si el tiempo hubiese añadido a tu lectura reservas derivadas de su actuación personal. ¿Tienes un criterio para separar o no «autor» de «obra»? ¿El paso del tiempo, la simpatía personal, el capricho? A mí me pasa que en algunos casos soy incapaz de olvidar lo mal que me cae el personaje y en otros, pongamos por caso Cela, todo lo que sé de él lo atribuyo a un personaje sin apenas relación con Mazurca para dos muertos *o* Madera de boj.

Sí, claro, tienes razón. En las preferencias lectoras intervienen sin duda factores idiosincrásicos, sólo faltaría. Es uno de los obstáculos que debe vencer el crítico: no dejarse arrastrar por esos factores, que pese a todo determinan la atracción que sentimos hacia ciertos libros y autores. El fenómeno cobra mucho mayor peso en lo que respecta a la lectura de contemporáneos. Hay autores españoles (y extranjeros) que, por muy buenos que me digan que son, no me tomaré la molestia de leer si no es por razones profesionales o dinerarias. Con su pan se lo coman. Conforme se incrementa la perspectiva del tiempo, sin embargo, la cosa cambia. El tiempo tiende a ser indulgente, o al menos consentidor. Además, como digo en algún lugar del libro, me atraen, no sé por qué, los autores «antipáticos». Creo que de allí deriva mi afición por cierta literatura alemana: Goethe, Thomas Mann, Jünger... A su modo muy diferente, también Canetti. Tipos de los que no es difícil escuchar los peores juicios acerca de sus actitudes estatuarias, su solemnidad, su soberbia, su... Me gustan los escritores que me conquistan personalmente a través de sus obras. Me gusta el peligro, la dificultad que plantean, que suele ser de orden moral. Cuando se trata de contemporáneos, en cambio, los prejuicios pesan más, qué le vamos a hacer. Y luego están los avinagrados, los tipejos, esos que uno sabe que esquivaría en la vida real. Francia se lleva la palma a este respecto. Baudelaire, Céline, Houellebeq... ¡Cambiaría de acera si fuera a cruzármelos, por mucho que lea sus obras y en algunos casos las admire! No es el caso de Cela, fíjate. Comparto contigo la afición por este autor, que en persona era un bruto y un impresentable, pero a quien redimía su socarronería, su sentido del humor. Un tentetieso de barraca de feria: así lo describí en una ocasión, y esa es la imagen que conservo de él: «¡El que resiste gana!».

A propósito de Fitzgerald señalas que la literatura no es solo evasión sino que proporciona los «los recursos con los que enfrentar y comprender la realidad y contribuir acaso a remediarla». Creo que esto choca un poco con la concepción de la literatura como «refugio» o «evasión», de la librería como «espacio religioso» y de los libros como «pan caliente». Una suerte de espacio espiritual donde uno puede desclasarse.

Bueno, la literatura como herramienta de desclasamiento es un tema clásico en la narrativa contemporánea. Y el desclasamiento puede constituir una manera como otra cualquiera de procurarse los recursos para enfrentar la realidad y abrirse paso en ella, pese a las circunstancias de origen. Por lo demás, está claro que lo que entendemos por literatura cumple múltiples funciones, a veces incompatibles entre sí. Existe, qué duda cabe, una literatura de evasión, y otra que sirve de refugio. Pero existe también —y esa es la que a mí me interesa más— una literatura que se sirve del lenguaje y de la ficción para pensar el mundo que nos rodea y para pensarse uno a sí mismo. Una literatura averiguadora, conquistadora de nuevos y más amplios niveles de conciencia. Los beneficios de sus empresas y de sus hallazgos suelen serlo para el lector en cuanto individuo con inquietudes morales e intelectuales. Pero pueden trascender ese nivel y contribuir, como sugiero, a la transformación y mejora del mundo, así sea en el menos espectacular de los sentidos.

Me interesa el reparo que le pones a la complejidad, cuando dices que la «exploración de la verdad se perdió por los laberintos de la complejidad». Lo planteas como una defensa de la claridad expositiva de Murdoch frente a las «poéticas de la dificultad» a lo Faulkner o a lo Benet. Es una cuestión delicada, al menos en sentido semántico, porque si de algo vamos sobrados es de novelas «sencillas» que se limitan a refrendar

los prejuicios morales del lector, con gran éxito. Pienso en
Patria *o en* Ordesa, *¿se te ocurre cómo articular todas estas*
palabras «complejidad», «dificultad», «claridad», «sencillez»,
«simplicidad» para que no se pisen?

En realidad no opongo reparos a la complejidad, ni
tampoco abogo por la claridad. El modo de articular
estos conceptos por contrarios sería el siguiente: simplicidad frente a complejidad, claridad frente a oscuridad, facilidad frente a dificultad, superficialidad frente
a profundidad. Cada par de opuestos genera un distinto campo magnético. Pero la claridad no está reñida
con la complejidad, pongo por caso (se puede ser diáfa-
namente complejo, como lo es por ejemplo la prosa de
Ferlosio, o la de Proust). Se puede ser claro y profundo (Naipaul), sencillo y oscuro (Kafka). Benet concebía
la escritura como un adentramiento en la penumbra,
como una herramienta para penetrar en conocimien-
tos que escapan a la luz de la ciencia, que palpitan en
la oscuridad, y su prosa sirve a este propósito, como
tanta poesía contemporánea. Iris Murdoch aspira a la
claridad en cuanto se le antoja una de las manifestaciones de la verdad, pero sus novelas son vodeviles
endiabladamente enredados, y no se arredra frente a
las contradicciones. Es cierto que la categoría de «verdad» lo perturba todo. Walter Benjamin habló de la
vieja narración como una épica de la sabiduría. La novela, en cambio, entraña una épica del conocimiento, y
es en este sentido en el que sugiero que —desviándose
de la verdad (pues verdad y conocimiento son cosas
distintas)— apostó por la complejidad, perdiéndose a

menudo en eso que tú llamas con acierto las «poéticas de la dificultad», repelente cuando es gratuita, como ocurre con ciertas modalidades del barroco. Puede que, de todas las mencionadas, la única categoría connotable negativamente sea la de superficialidad (a ella te refieres, sospecho, cuando mencionas a Aramburu o Vilas). Constantino Bértolo hablaba de «profundidad horizontal», una manera elegante y muy ocurrente de aludir a tantas formas sucedáneas que no dejan de prosperar al pie de todos estos conceptos.

Marzo

Días antes de la invasión de Ucrania por el ejército ruso, José Andrés Rojo publicó en la sección de Opinión de *El País*, de la que él mismo es redactor jefe, un artículo titulado «Putin y Ucrania: la flecha está en el arco». Lo de «la flecha está en el arco» remite a un viejo refrán chino que Rafael Sánchez Ferlosio empleó para dar título a un importante ensayo: *Cuando la flecha está en el arco tiene que partir*, de 1992. Allí, Ferlosio reflexiona ampliamente sobre «el *pragma* de la amenaza», que él mismo describe como «antiquísima fórmula de relación hostil humana», y que a sus ojos «es quizá el paradigma en que más nítidamente quedan dibujados los resortes de acción y de reacción capaces de producir la síntesis de la fatalidad». Releer este ensayo a la luz de los acontecimientos que acaparan estos días la atención mundial constituye un saludable ejercicio que dota de una conveniente profundidad de campo al impacto aturdidor de las siempre últimas noticias.

Puede que entre los grandes pensadores contemporáneos ninguno haya prestado una atención tan intensa y tan insistente a la cuestión de la guerra como Ferlosio. Hace ya cinco años, con ocasión de reunir su obra ensayística completa, los dos convenimos que uno de los cuatro gruesos volúmenes en que iba a quedar recogida estaría monográficamente dedicado a la cuestión de la guerra. No quedaba más remedio. El volumen se tituló *Babel contra Babel* (Debate, 2016), y las casi ochocientas apretadas páginas que lo constituyen ayudan a pensar la guerra, cualquier guerra, también esta de Ucrania, en términos que atraviesan el ruido de los titulares, deshacen automatismos ideológicos y contribuyen a remover las adhesiones más o menos instintivas, más o menos inducidas.

En las casi cuatro décadas en que se desarrolló su actividad como articulista y ensayista, Ferlosio hizo un atento seguimiento de los más importantes conflictos que durante ese periodo acapararon la atención pública: la guerra de las Malvinas, las dos guerras de Irak, la de Afganistán, la de la vieja Yugoslavia y, cómo no, la que no cesa de tener lugar en tierras de Palestina. Sus ideas sobre la guerra, así, se proyectan una y otra vez sobre la actualidad internacional, deduciendo de sus dinámicas y desarrollo algunas constantes que sirven muy bien para comprender en su esencia mucho de lo que está ocurriendo ahora mismo. De ahí que resulte tan recomendable, en estas fechas, revisitar *Babel contra Babel* (hay disponible una muy económica edición en Debolsillo) y asomarse a casi cualquiera de sus muchas piezas, en su mayoría artículos publicados en su momento en la prensa diaria, pero también ensayos como el ya mencionado, o como *La hija de la guerra y la madre de la patria* (2002), *La guerra empieza en la fragua* (2007), *God & Gun* (2008).

Ya en 1981, aún en la Guerra Fría, en una admirable serie de cinco artículos —todo un ensayo, de hecho— titulada «Eisenhower y la moral ecuménica», Ferlosio observaba a propósito de aquélla cómo «la territorialización y militarización de los antagonismos ideológicos» arrastraba «hacia la inanición y el desfallecimiento a las propias ideologías presuntamente defendidas y ofuscadas en beneficio de las armas que dicen defenderlas». Y concluía: «Toda militarización acaba por hacer desaparecer cualquier atisbo inicial de antagonismo realmente ideológico que hubiese podido haber alguna vez siquiera en forma de deseo sincero, y las ideas acaban perviviendo solamente en la siniestra función de coartadas morales de las armas, con la sola vigencia de insignias distintivas, marcas de fábrica, señuelos de enrolamiento y movilización. No fines, por tanto, de las armas, sino instrumentos al servicio de ellas y de sus únicos, innatos fines intrínsecos y propios: el éxtasis de la victoria, el placer del predominio, la ambición de hegemonía, el furor de la autoafirmación».

En la polemología ferlosiana (la *polemología* es propiamente «el estudio de la guerra y de sus formas, causas y efectos como fenómeno social») ocupa un lugar crucial esta idea de que, en un mundo crecientemente militarizado, «las armas son un instrumento cuyo ejercicio se ha erigido en fin en sí mismo». En *La guerra empieza en la fragua*, esta idea es hilvanada con las consideraciones que sobre la OTAN hacía Robert Kagan (politólogo neoconservador estadounidense en absoluto sospechoso de antimilitarismo, por cuanto fue asesor de George Bush) en su celebrado libro *Poder y debilidad: Europa y Estados Unidos en el nuevo orden mundial* (Taurus, 2003), donde se lee: «Para Estados Unidos, el mantenimiento de la cohesión y la viabilidad de la Alianza [se refiere a la OTAN] no era meramente un medio para los fines perseguidos en Kosovo, sino que, por el contrario, figuraba entre los principales objetivos de la intervención. También la salvaguarda de la Alianza había sido un motivo principal para la anterior intervención de Estados Unidos en Bosnia». El mismo Kagan cita al general Wesley K. Clark, comandante norteamericano de la OTAN en la época referida: «Como expuso el general Clark —escribe—, "ningún objetivo o conjunto de objetivos era más importante que el de mantener cohesionada la OTAN"». A lo que Ferlosio apostilla: «El instrumento, aquí, no es otro que la OTAN, pues como tal fue creada, para defender a "Occidente" de la Unión Soviética. Pero he aquí que la finalidad principal de las intervenciones de la OTAN, que sería, como digo, un instrumento, es la conservación del instrumento mismo. Retomando el ejemplo del martillo del propio Kagan [un antiguo dicho que reza: "En cuanto se tiene un martillo, todos los problemas empiezan a parecer clavos"], estamos ante un caso en que uno de los fines principales del uso del martillo no es otro que el de mantener el martillo en buen estado de funcionamiento».

Importa advertir que la mayor parte de las guerras contemporáneas de las que tuvo ocasión de ocuparse Ferlosio fueron guerras de agresión por parte de Occidente, muy en particular las guerras de Irak, la segunda de las cuales fue —como la de Ucrania ahora— una invasión en toda regla, sustentada en pruebas falsas y que no contó con el visto bueno de la comunidad internacional, dando lugar, de hecho, tanto en Europa como en Estados Unidos, a importantes movimientos de oposición ciudadana a la misma. Ferlosio fue un severísimo escrutador de los argumentos empleados en su momento por los mismos Estados Unidos para justificar sus ofensivas, así como los aportados por la OTAN —con Javier Solana al frente— cuando las guerras yugoslavas. Tanto más interesante y revelador es leer sus artículos sobre estos conflictos en un marco invertido, es decir, siendo el agresor una potencia «enemiga», que se sirve de argumentos afines, en definitiva, a los blandidos en su momento por Occidente.

Abril

Tras una violenta refriega, el indio Galvarino es capturado por los españoles, quienes, en «ejemplar castigo», le amputan las dos manos y lo dejan volver junto a los suyos. Exhausto y casi desangrado, Galvarino llega por su propio pie al campamento del ejército araucano, cuyos jefes se hallan reunidos en consejo. Irrumpe entre ellos y, mostrando sus muñones, los arenga bravamente, disuadiéndolos de cualquier pacto con los conquistadores. Les dice entre otras cosas:

«Volved, volved en vos, no deis oído / a sus embustes, tratos y marañas, / pues todas se enderezan a un partido / que viene a deslustrar vuestras hazañas; / que la ocasión que aquí los ha traído / por mares y por tierras tan estrañas / es el oro goloso que se encierra / en las fértiles venas de esta tierra. // Y es un color, es aparencia vana / querer mostrar que el principal intento / fue el estender la religión cristiana, / siendo el puro interés su fundamento; / su pretensión de la codicia mana, / que todo lo demás es fingimiento, /pues los vemos que son más que otras gentes / adúlteros, ladrones, insolentes».

Rimadas a mediados del siglo XVI por un español, Alonso de Ercilla, que participó como soldado en la ferocísima Guerra de Arauco, en el sur de Chile, estas palabras parecen una réplica apasionada a los argumentos blandidos por quienes, más de cuatro siglos después, aún pretenden que «nuestro legado» en América fue «llevar el catolicismo, la civilización y la libertad», como dijera no hace mucho Isabel Díaz Ayuso.

Mayo

Aunque era un niño, recuerdo bien la noche del año 1968 en que Massiel ganó el Festival de Eurovisión con la canción «La, la, la». Recuerdo la alegría, la euforia, que había de alcanzar cotas de delirio el año siguiente,

1969, cuando España volvió a ganar, esta vez con Salomé y la canción «Vivo cantando». ¡Dos veces seguidas! Aquello era el no va más. Franco vivía y las autoridades culturales del régimen se frotaban las manos. (Aquello era el mejor desquite contra Serrat y el plantón que dio con su pretensión de cantar el «La, la, la» en catalán.) Los años siguientes representaron a España nada menos que Julio Iglesias, Karina, Jaime Morey, Mocedades, Peret...

Pasaron los años y la cosa fue decayendo, o eso me parecía a mí. Pasada la Transición, el festival de Eurovisión permanecía asociado, al menos en mi memoria, a la caspa del franquismo, y por los años 80 y 90 a nadie que tuviera algo mejor que hacer (lo cual no era difícil) se le ocurría perder una noche delante de la televisión padeciendo esas canciones y coreografías deprimentes, seguidas de un interminable sistema de votación que entretanto se había convertido en un *leitmotiv* chistoso: «Spain, zero points».

Sólo de vez en cuando algún modernillo aficionado a lo *camp* se reivindicaba provocativamente como seguidor de ese festival impotable, convertido en pasarela de temas y personajes bizarros, en cuya cúspide bien puede ponerse, con todos los honores, a Rodolfo Chikilicuatre y su impagable «Baila el Chiki-chiki».

El tiempo siguió pasando. Yo me despisté, o simplemente envejecí, y de pronto el festival había cobrado un insólito relieve, y era seguido de cerca y con expectación por todas las cadenas y medios de comunicación. Nuevos y más rocambolescos sistemas de selección de artistas y canciones daban lugar a encendidas polémicas, como a su vez las votaciones y los tejemanejes de los que se hacían sospechosas.

Lo peor, con todo, no era que esa gran ceremonia de la chatarrería musical se hubiera convertido en un espectáculo de masas que ocupaba primeras planas; lo peor era la tendencia creciente de los comentaristas (y no sólo de los más idiotas) a darle al festival un valor simbólico y hacerlo representativo de la unidad y del espíritu europeos.

Y he aquí que este año, con una guerra atroz en las orillas de Europa, el presidente de un país invadido y arrasado se dirigía a todos los europeos pidiendo el voto para los representantes de Ucrania en el festival. Y he aquí que tales representantes (una pandilla de muchachotes vociferantes que daban botes con atuendos tecno-étnicos) triunfaban con la aquiescencia entusiasta de propios y extraños, como si con ello se dieran motivos para levantar el ánimo de un pueblo brutalmente castigado.

En un memorable artículo del año 1997 («El deporte y el Estado»), recordaba Ferlosio cómo el mes de diciembre de 1983, ennegrecido para España por la triple catástrofe que supuso, en muy breve tiempo, la colisión en Barajas de dos aviones, un choque de trenes en el metro de Madrid y un incendio en la discoteca Alcalá de la misma capital, con montones de muertos, la victoria del equipo español sobre Malta para la clasificación de la Eurocopa, con un esperpéntico 12-1 como resultado, dio lugar a la siguiente felicitación del entonces presidente del Gobierno, Felipe González, al seleccionador español, Miguel Muñoz:

«Miguel, enhorabuena y gracias, porque el país estaba necesitando una alegría como ésta». Ferlosio se sorprendía del perverso sistema de equivalencias que esta frase entrañaba.

Imagino a Zelenski llamando la noche del pasado 14 de mayo a los componentes de la banda ucraniana Kalush Orchestra y diciéndoles algo parecido.

Hemos perdido Mariúpol, chicos, pero habéis ganado Eurovisión.

Menuda alegría.

Junio

Para mi franja generacional, la de quienes accedieron a la mayoría de edad al mismo tiempo que en España se restauró la democracia participativa, hay una serie de jalones históricos que adquirieron muy pronto el valor de hitos simbólicos y que contribuyen mejor que nada a explicar los rumbos de la sociedad española a partir de la llegada de los socialistas al poder, en 1982. Uno de ellos, quizá el de mayor trascendencia, es el referéndum sobre la permanencia de España en la OTAN, celebrado el 31 de mayo de 1986. Es sabido que, tanto antes como durante la campaña electoral que precedió a su victoria en las urnas, los socialistas, que se disponían a heredar como un hecho consumado el ingreso de España en la OTAN, formalizado muy poco antes de su llegada al poder, habían declarado su oposición al Tratado de Washington y su exigencia de un referéndum que avalara o no la conveniencia de adherirse al mismo. El eslógan de su posición a este respecto era un cauteloso «OTAN, de entrada no» que apenas dos años después, ya en el Gobierno, y enfrentados imperiosamente a la celebración del referéndum, mutó en un resuelto «Vota SÍ en interés de España». Un envalentonado Felipe González, enseguida convertido él mismo (y con él su partido) en el camaleón que no ha cesado luego de cambiar de colores, apuntalaba este último eslógan con una amenazadora advertencia: «El que quiera votar que no, que piense antes qué fuerza política gestionará ese voto».

A finales de 1981, poco antes de firmarse la adhesión de España a la OTAN, un sondeo publicado por *El País* concluía que sólo un 18% de la población española estaba a favor de entrar, mientras que el 52% se declaraba abiertamente en contra y el 30% no sabía o no contestaba. El Gobierno del PSOE tuvo que emplear todo el peso del Estado y de los medios públicos para doblegar la voluntad de una ciudadanía que, en las encuestas, no mucho antes de la celebración de referéndum, se manifestaba favorable a la salida de la OTAN. La pregunta que se planteó a los españoles en mayo de 1986 —«¿Considera conveniente para España permanecer en la Alianza Atlántica en los términos acordados por el Gobierno de la Nación?»— fue cuidadosamente estudiada, y formulada al final del modo más capcioso, a efectos de allanar las resistencias al sí. Entre otros ardides, se contaba el de evitar las siglas OTAN y en su lugar emplear el nombre Alianza Atlántica. Previamente a la pregunta, se detallaban tres de esos términos: «1º. La participación de España en la Alianza Atlántica no incluirá su incorporación a la estructura militar integrada»; «2º. Se mantendrá la prohibición de instalar, almacenar o introducir armas nucleares en territorio español»; «3º. Se procederá a la reducción progresiva de la presencia militar de los Estados Unidos en España». Ninguno de estos tres términos ha sido respetado con posterioridad.

El referéndum, en el que participó un 59,42% de la población, arrojó un 52,5% de votos a favor del sí, un 39,85% a favor del no, y un 6,54% en blanco. Como concluía un revelador informe elaborado por el Centre Delàs d"Estudis per la Pau en 2016, cuando se cumplían treinta años de la celebración del referéndum, «se puede considerar la integración en la OTAN como el entierro definitivo de las esperanzas de las fuerzas sociales que habían luchado para construir un modelo de democracia más participativo que permitiera intervenir directamente sobre cuestiones de trascendencia. Aquella derrota cerró de manera definitiva la transición española de la dictadura franquista a la democracia y los movimientos sociales vieron frustradas sus esperanzas de transformación y ruptura con el viejo régimen. La prueba es que nunca más en España se celebró un nuevo referéndum».

Según una encuesta encargada recientemente por el Real Instituto Elcano de Estudios Internacionales y Estratégicos, en vísperas de celebrarse en Madrid una cumbre de la OTAN, el 83% de los españoles se muestra favorable a la continuidad de España en ella. Conforme a esta misma encuesta, el apoyo es casi unánime entre los electores de la derecha y centro-derecha, mientras que entre los votantes de izquierda se sitúa en el 66%. Hace sólo cuatro años, el apoyo alcanzaba diez puntos menos, un 73%, de lo que cabe desprender que el incremento se ha producido específicamente entre los votantes de izquierda.

En mi contribución al libro colectivo ideado y coordinado por Guillem Martínez *CT o la Cultura de la Transición: crítica de 35 años de cultura española* (Debolsillo, 2012), me detenía particularmente en el referéndum sobre la OTAN para justificar la tesis que allí sostenía, a saber: que la llegada al poder de los socialistas, en 1982, supuso un histórico cambio de signo en lo que durante al menos dos siglos había sido la actitud comúnmente característica de los escritores, artistas e intelectuales españoles con respecto el poder: la de un criticismo y una resistencia a menudo hostiles y combativas, muy en particular durante el franquismo.

«Durante los años ochenta —escribía yo—, a partir de la llegada de Felipe González al poder, empezó a darse en toda España, entre los representantes del Estado y los de la cultura, un festivo conchabamiento que ilustran ejemplarmente las célebres reuniones en "la bodeguilla" de La Moncloa, en las que Felipe González y la que entonces era su mujer, Carmen Romero, convocaban periódicamente, de manera informal, a un grupito de amiguetes entre los que se contaban como asiduos algunas destacadas figuras y figurones de las artes, las letras y el periodismo español (entre ellos, Francisco Umbral, Miguel Ángel Aguilar, Javier Pradera, José Luis Coll, Luis Eduardo Aute y *tanti quanti*, incluidos, no se lo pierdan, Teddy Bautista y Ramoncín). Interesaba al nuevo Estado democrático liderado por González, el lucimiento de los intelectuales y creadores como garantía de credibilidad y airosa rúbrica al proyecto de renovación y desmemoriada convivencia, emprendido con el consenso de la mayor parte de la población. Y aquéllos se dejaron agasajar complacidamente, con frecuencia infatuados por las ventajas de una nueva modalidad de "compromiso" que por vez primera en la historia los alineaba con el bando ganador.

»Acerca de esto último, poseen una enorme ejemplaridad los alineamientos respecto al referéndum sobre la permanencia o no en la OTAN. Había de ser el mismísimo Juan Benet —a pesar de haberse mostrado siempre muy crítico con "las evidentes contradicciones y culpables errores de los dirigentes socialistas"— quien, secundando una iniciativa de Javier Pradera, impulsara y redactara un manifiesto en respaldo al SÍ que propugnaba el Gobierno, después de una campaña llena de ambivalencias que indispuso a buena parte del electorado en contra de la Alianza. El manifiesto obtuvo, entre otras muchas, las firmas de personalidades como Julio Caro Baroja, Eduardo Chillida, Antonio López, Rafael Sánchez Ferlosio, Jaime Gil de Biedma, Jorge Semprún, Adolfo Domínguez, Oriol Bohigas, Juan Cueto, Juan Marsé, Luis Goytisolo, José María Guelbenzu, José Miguel Ullán, Assumpta Serna, Álvaro Pombo, Luis Antonio de Villena, Beatriz de Moura, Carlos Bousoño, Sancho Gracia, Santos Juliá, Luis de Pablo, Javier Pradera, Michi Panero, Francisco Calvo Serraller, Marta Moriarty, Tomás Lloréns y un largo etcétera. [...] Ciertamente, la complicidad que, al poco de morir Franco, se estableció en España entre la clase política y la intelectual, sólo puede explicarse si se entiende que, como escribiera Vázquez Montalbán, "se habían creado las condiciones materiales para que el supuesto milagro político de la transición consistiera simplemente en la adecuación de unas superestructuras de poder a lo que en la base material ya se había dado: la conformación de una sociedad fundamentalmente burguesa, cuya vanguardia, militara en la socialdemocracia o en los centros democráticos, había de ser la gran protagonista y beneficiaria de la transición y la que aportaría cuadros, cargos y dirigentes a casi todas las formaciones políticas y todos los estamentos de poder, que son la verdadera silueta del *establishment* democrático". Serían los representantes de este *establishment* quienes fijaran, según Vázquez Montalbán, el gusto de lo culturalmente correcto a la par de lo políticamente correcto».

El mismo Vázquez Montalbán se contó entre los firmantes, en 1986, del documento contra la permanencia de España en la OTAN promovido por la Plataforma Cívica para la Salida de España de la OTAN que encabezaba el escritor Antonio Gala (¡Gala *versus* Benet!: el combate se establecía con campeones de muy distinto peso). El documento denunciaba «los elementos de confusión introducidos en el texto oficial de la consulta» y propugnaba para España una política de neutralidad activa, política caracterizada por una sección exterior orientada a lograr la paz y el desarme a través del incremento de la cooperación internacional». «Una política», añadía, «en la cual los planes de defensa estén ajustados a las necesidades estratégicas de nuestro país [...] una política de responsabilidad y participación que contribuya a eliminar o atenuar los conflictos que se producen en el mundo».

Otros firmantes del documento contra la permanencia de España en la OTAN eran José Luis Aranguren, Rafael Alberti, Juan Genovés, Luis García Berlanga, Manuel Tuñón de Lara, Cristina Almeida, José Luis Garci, Manuel Tuñón de Lara, José María Caballero Bonald, Manuel Vázquez Montalbán, Francisco Umbral, Carmen Martín Gaite, Carlos Castillo del Pino, Lola Gaos y Lluís Llach. A estos nombres cabe añadir, por también haberse manifestado expresamente a favor del NO en el referéndum, otros como los de Juan García Hortelano, Josep Fontana o Montserrat Roig. Y el de Fernando Savater, que en una tribuna de *El País* declaraba su rechazo a la pretensión de que «pertenecer —comercial, política o culturalmente— a Europa exige adhesión a la Alianza Atlántica, es decir, a la hegemonía militar norteamericana». Claro que en el mismo artículo Savater se preguntaba, en referencia a la misma OTAN: «¿Alguien puede suponer en serio que dentro de, pongamos, 25 años —si queda por entonces Europa o mundo del que hablar— seguirá vigente un engendro burocrático-guerrero de tales características?».

Con más penetración profética, Manuel Sacristán, en un sonado artículo publicado por las mismas fechas («La OTAN hacia dentro»), pronosticaba que los argumentos blandidos por los proatlantistas contribuían a «destruir no ya la insustancial democracia que hoy tiene el país, sino algo mucho más importante, a saber, la confianza que aún le quede a una parte de los españoles en la posibilidad de una vida política decente». Que esos argumentos terminarían por «corromper políticamente a muchos y sumir a otros tantos en la inhibición», por cuanto entrañaban «la imposición a los españoles del sentimiento de impotencia, de nulidad política, de su necesidad de obedecer y hasta de volver su cerebro y su corazón al revés».

Como sostiene Javier Muñoz Soro en un excelente ensayo de 2016 titulado *El final de la utopía. Los intelectuales y el referéndum de la OTAN en 1986*, «la campaña del referéndum provocó una división del campo intelectual sin precedentes desde el inicio de la transición, además con un elevado grado de visibilidad pública y dramatización. No sólo por la neta contraposición que determinaban las dos opciones a elegir, sino también por el amplio protagonismo que esos intelectuales, ahora acompañados de periodistas, cantantes y artistas famosos, tuvieron como portavoces de la movilización social. Tras la derrota del NO algunos de aquellos intelectuales señalaron el camino a seguir, en "un intento humilde pero tenaz de reconstruir el tejido social de la izquierda", bajo el paraguas de IU». Los términos del debate previo al referéndum sobre la permanencia en la OTAN «marcaron una ruptura definitiva con la memoria antifranquista y una escisión dentro de la intelectualidad de izquierdas que tendría consecuencias duraderas, sobre todo en la primacía de los partidos políticos sobre la sociedad civil». Por lo que toca a dicha «escisión», sus consecuencias se perpetúan en la que no deja de reflejarse entre los actuales socios de Gobierno, en una correlación de fuerzas todavía más contrastada a favor de los socialistas, con la consiguiente prevalencia de un realismo y un pragmatismo convertidos entretanto en sustancia ideológica.

El caso es que, transcurridas más de tres décadas, las consecuencias del espectacular giro de timón que lideró Felipe González siguen presentes en la sociedad y en la cultura españolas, consolidadas y abonadas por los gobiernos de derecha, cuyo camino y argumentario sin duda allanaron.

En el famoso manifiesto de los intelectuales en apoyo al SÍ a la OTAN, el argumento principal para cuestionar el NO era que éste, «defendido hasta el presente de manera exclusiva por los movimientos pacifistas y grupos de izquierda», estaba siendo «usurpado por sectores reaccionarios», resueltos a utilizar el NO «para fines espurios a costa de los intereses de la ciudadanía».

De aquello polvos, estos lodos.

*

«Nuestras palabras / nos impiden hablar. / Parecía imposible. / Nuestras propias palabras» (Pedro Casariego Córdoba).

Septiembre

El azar dispuso que, hallándome de visita en casa de amigos, viera el pasado mes de septiembre, en la última de sus numerosas emisiones en la televisión estatal, el documental titulado *España: la primera globalización*, dirigido por José Luis López Linares y coproducido por RTVE con el apoyo de la Comunidad de Madrid y otras instituciones. Todavía no me he repuesto del estupor que me produjo. El documental, que se estrenó hace un año y viene cosechando un importante éxito, es una apología en toda regla, sin sombra de crítica, de la Conquista y de su legado, y una machacona impugnación de la leyenda negra, hecha en términos muy afines a los de María Elvira Roca Barea en su polémico ensayo *Imperiofobia*. No en vano Roca Barea es la protagonista indiscutible del documental, que cuenta con un nutrido pelotón de historiadores y de opinadores varios que actúan como aplicados corifeos de la cantinela que no deja de repetirse durante más de una hora y media: eso de que España no tiene nada de que avergonzarse, y que su hazaña en América es sin duda «el acontecimiento más importante de la Historia tras la romanización» (Pablo Casado *dixit*).

La bochornosa mezcla de soberbia, jactancia y catetismo que destila el documental es inaudita. Descolgado ya de la web de RTVE, y tras su proyección en salas, ahora puede verse en Filmin. A quienes no lo hayan visto aún (y a los que sí) les recomiendo que acudan al artículo que el hispanista holandés Sebastiaan Faber le dedicó hace unos días en la revista digital *Ctxt*: «Roca Barea desembarca en Estados Unidos».

Al parecer, el documental de marras ha dado ya mucho que hablar. Estrenado en Estados Unidos la pasada primavera, por iniciativa de un empresario español, está siendo promovido por la red mundial de institutos Cervantes (escribo esto antes de su inminente proyección en el Cervantes de Chicago, y en el de Shanghái). Por si fuera poco, cuenta Faber cómo, mientras el cónsul honorario de España en Seattle está trabajando para que el documental se proyecte durante este curso en los 485 colegios del Estado de Washington donde se enseña español, el Ministerio de Educación español se mueve para que se ofrezca al mayor número posible de escuelas bilingües del país entero.

Uno ya se ha resignado a que lumbreras como Felipe González y Josep Borrell aplaudan las tesis de Roca Barea, y no se sorprende de que Alfonso Guerra o Carmen Iglesias participen en el documental («Nuestro caso es un caso especial, los españoles la asumimos desde el primer momento, y nos regocijamos en esa denigración externa», declara el primero). Pero que la televisión pública, primero, y luego el Instituto Cervantes se conviertan en divulgadores de una patraña revisionista que amplifica las sandeces y barbaridades que Isabel Ayuso profirió en Nueva York meses atrás resulta más alarmante.

Claro que lo era ya, hace tres años, que Luis García Montero propusiera «imaginar nuestra lengua con un deseo ético». Y leer (en una de sus columnas para *InfoLibre*: «La lengua como democracia») cosas como ésta: «Pese a la leyenda negra alimentada por otras civilizaciones siempre más inclinadas al mercantilismo y la piratería, el español supo entenderse desde sus orígenes con otras lenguas, basó su capacidad de extensión en su papel vehicular, respetó mucho más que el inglés la convivencia con las lenguas originales y aprendió, en las dos orillas, que es tan importante conservar la unidad del idioma como respetar las singularidades geográficas de sus hablantes».

Palabras dignas de ser citadas en el programa de mano de *Malinche*, el musical de Nacho Cano.

Y las dice el mismísimo director del Instituto Cervantes, capitoste de la izquierda cultural de este país.

Estamos apañados.

Octubre

Se van ustedes a pensar que le tengo manía al ministro Iceta y no es verdad. De hecho, me resulta simpático. Sentía aprecio por su estilo parlamentario cuando lideraba el PSC, y pienso que su actuación durante los difíciles tiempos del procesismo rampante fue bastante digna. Otra cosa son los aires ochenteros que ha optado por imprimir a su desempeño al frente del Ministerio de Cultura y Deporte.

Verán, yo fui testigo, siendo muy joven, del programático desmontaje y barrido de los acentos críticos y resistencialistas que habían dado el tono a la cultura antifranquista. Leí lleno de admiración el tronante y hoy casi legendario artículo («La cultura, ese invento del Gobierno») que, en fecha tan temprana como noviembre de 1984, dedicó Rafael Sánchez Ferlosio, desde las páginas de *El País*, a las políticas culturales del entonces aún flamante primer Gobierno socialista.

Sí, ya sé que lo he citado muchas veces. Me da lo mismo, no me cansaré de hacerlo mientras haya razones para recordarlo. Toda esa patraña de la cultura como «fiesta». Todo ese cachondeo del populismo cultural. La «actomanía» (en referencia a la compulsiva celebración de «actos culturales»). La dichosa «promoción cultural».

El ministro Iceta, nacido el mismo año que yo, parece haberse quedado enganchado a todo esto, y dispuesto a relanzarlo con nuevos ímpetus. Todo empieza con esa bobería de proclamar el año 2022 como el año del Renacimiento Cultural en España. ¿Adónde demonios conduce una iniciativa de este tipo? ¿Quién puede darse por aludido?

Siguió luego el nuevo Plan de Fomento de la Lectura, con sus doce «desafíos» y esas diez «claves» maestras conforme a las cuales había sido diseñado. Toda una panoplia de vaciedades que escoltaron una medida estrella: el bono cultural de 400 euros a los jóvenes que cumplían dieciocho años durante este año que termina. Ya en su día les di desde aquí la opinión que me merecía esta medida.

Les he hablado también de la sonrojante fraseología con que se envolvió la participación de España en la pasada Feria de Frankfurt, bajo ese eslogan de «Creatividad desbordante».

Y ahora, para cerrar el curso, esta nueva campaña de publicidad institucional con el lema «Hambre de cultura».

Más de tres millones y medio de euros destinados a un *spot* para cine y televisión, cuñas de radio y materiales gráficos con el objetivo de «impulsar el consumo de experiencias culturales».

«El lema "Hambre de cultura" —reza la nota de prensa del Ministerio— refleja *las ganas de los españoles de vivir experiencias culturales, de reencontrarse con amigos y con espacios, de volver a emocionarse.* Y a la vez, toda una industria cultural está a disposición para saciar ese hambre de cultura: museos, bibliotecas y librerías, salas de cine y de conciertos, teatros, óperas, zarzuelas, galerías, festivales…».

Cualquiera de ustedes, sin haberlo visto, puede imaginarse perfectamente el *spot*, la cartelería correspondiente y la retórica empleada. Más de lo mismo, sí. Dibujitos a la moda y gente riendo todo el rato, disfrutando a lo loco de volver a emocionarse, como en un anuncio de Coca-Cola.

El ministro Iceta y su equipo parecen imbuidos de una concepción exclusivamente lúdica y comercial de lo que son la cultura y el consumo cultural. Parecen pensar, por otro lado, que las realidades se adaptan a las palabras, razón por la que practican un triunfalismo a ultranza con el que, por arte de magia, pretenden conjurar, se diría, las deficiencias que padece el país no sólo en materia de educación, en equipamientos culturales y en todo lo relativo a la justa remuneración de creadores y agentes de la cultura, sino también en lo que respecta al empleo de la cultura como herramienta crítica y de emancipación personal, a su cultivo como recurso imprescindible para formar una ciudadanía libre, juiciosa y responsable.

Noviembre

A su paso por Pamplona para participar en unos intensos encuentros celebrados allí recientemente bajo la dirección de Ramón Andrés, el cineasta ruso Viktor Kossakovsky dijo a propósito de la guerra de Ucrania: «En estos momentos, cualquier conversación, cualquier charla que no sirva para parar la guerra, que no sirva para acabar con el derramamiento de sangre, no tiene sentido».

Pero aquí seguimos todos, hablando de naderías.

«Rusia —añadía Kossakovsky— está viviendo ahora uno de sus momentos históricos más tristes y trágicos, el putinismo, que es posible gracias a los rusos, a todos, y en primer lugar a los artistas rusos: la culpa es también de los artistas rusos porque no supieron convencer a la gente y hacer frente a esta propaganda y esta mentalidad… Yo también soy artista y me considero también culpable, un cómplice de todo lo que está pasando. Me considero criminal».

Recogía estas frases la periodista Laura Puy en el *Diario de Navarra*, tras la rueda de prensa que precedió a un diálogo que Kossakovsky mantuvo con su amigo y director de cine ucraniano Sergei Loznitsa. En su crónica, Puy contaba cómo Ramón Andrés intervino para matizar las palabras de Kossakovsky, aduciendo que la culpabilidad que éste achacaba a escritores y artistas es relativa, dado que «todo el sistema está destinado a que la cultura sea un mero entretenimiento», razón por la que «el artista ha perdido la importancia en cuanto a emisor de un discurso serio». De eso mismo, sin embargo, es de lo que parecía estar quejándose Kossakovsky: de que artistas y escritores hayan consentido desempeñar el papel de simples comparsas de unos poderes fácticos que emplean la cultura como herramienta de distracción, de enmascaramiento o de legitimación del *statu quo*.

Las palabras de Kossakovsky me hicieron recordar el imponente discurso sobre «La profesión de escritor» que pronunció Canetti en Múnich en 1976. Está recogido en *La conciencia de las palabras*, y todos deberíamos releerlo. Constataba entonces Canetti la devaluación que venía experimentando esa palabra, la de «escritor», y recordaba una extraña anécdota. Se trataba de la nota de un autor anónimo que él mismo había encontrado azarosamente. Llevaba la fecha del 23 de agosto de 1939, es decir, una semana antes del estallido de la Segunda Guerra Mundial, y decía: «Ya no hay nada que hacer. Pero si de verdad fuera escritor, debería poder impedir la guerra».

Canetti contaba la irritación que, de buenas a primeras, le produjo la nota, que sin embargo, pasado el tiempo, se le antojó que, con toda su grandilocuencia y fatuidad, cifraba de manera insensata el tipo de responsabilidad que debería asumir cualquier escritor que se plantee seriamente su derecho a serlo.

«Cabría recordar aquí —decía Canetti— que también fueron ciertas palabras, una serie de palabras recurrentes empleadas en forma consciente y abusiva, las que causaron esa situación de inevitabilidad de la guerra. Si eso pueden provocar las palabras, ¿por qué no pueden impedir otro tanto? No es extraño que quien frecuenta las palabras más que otros también espere más de sus efectos que otra gente».

Algo semejante, aunque más a la ligera, venía a decir Juan Mayorga en su reciente discurso en los Premios Princesa de Asturias: que las palabras pueden «unir a un pueblo o dividirlo, declarar una guerra o detenerla».

Pero si se entiende que así es, se entienden también la exigencia de Canetti y la intransigencia de Kossakovsky.

Diciembre

«Y entonces fui al ángel y le dije que me diera el librito. Y él me dijo: "Tómalo y devóralo; te amargará las entrañas, pero en tu boca será dulce como la miel". Tomé el librito de la mano del ángel y lo devoré, y fue en mi boca dulce como la miel; y cuando lo comí, me amargó las entrañas» (Apocalipsis 10:9).

2023

Enero

Leo esto días un ensayo breve y arrojadizo, muy enjundioso y divertido, que recomiendo mucho: *Leyendas negras, marcas blancas. La malsana obsesión con la imagen de España en el mundo*, de Sebastiaan Faber (Escritos Contextatarios).

Echando mano de su experiencia como hispanista, Faber diagnostica una auténtica paranoia por lo que respecta a la imagen que una buena parte de los españoles piensan que se tiene de España en el extranjero. El asunto reúne abundantes tintes cómicos, pero también otros preocupantes, por cuanto ha tenido y sigue teniendo, como sostiene Faber, «efectos políticos y culturales nefastos». Que un partido como Vox proponga «un plan integral para el conocimiento, difusión y protección de la identidad nacional y de la aportación de España a la Civilización y a la Historia universal, con especial atención a las gestas y hazañas de nuestros héroes nacionales» puede considerarse anecdótico. Que un partido como Ciudadanos contemplase en su programa «revertir la interpretación en ocasiones gravosa y negativa del papel que España ha protagonizado en la Historia» sugiere que la paranoia alcanza cotas alarmantes.

El asunto va mucho más allá de los resabios joseantonianos que prevalecen en la fraseología empleada por los políticos españoles, tanto de derechas como de izquierdas; más allá también de los delirios imperiales de académicos y ensayistas de fortuna como María Elvira Roca Barea. La suspicacia y la susceptibilidad respecto al modo en que España es vista en el extranjero penetra a buena parte de la *intelligentsia* española, como demuestran algunas perlas cosechadas por Faber de boca de autores como Luis García Montero, Antonio Muñoz Molina o Javier Cercas.

Nadie duda de la circulación de clichés sobre España y su pasado, a veces negativos, como los que circulan, en España y fuera de ella, de tantos otros países. Lo que resulta sorprendente es la desproporcionada dimensión que tantos españoles atribuyen a esos clichés. Y la penosa réplica que ofrecen a esos clichés tantas y tan deprimentes manifestaciones de lo que Ferlosio llamaba «la españolez».

Faber califica de «obsesión malsana» los intentos de promover una «marca España», que se suelen saldar con iniciativas sonrojantes, como ese elenco anual de «embajadores honorarios de la marca España» seleccionados por el Foro de Marcas Renombradas Españolas (creado por el PP en 1999), entre los que se hallan Amancio Ortega, Ferran Adrià, la revista *¡Hola!*, Pedro Almodóvar, el Real Madrid, Plácido Domingo, Antonio Banderas, la compañía Iberia, Cáritas, los Botín (padre e hija) y Andrés Iniesta.

Ya no el protagonismo, sino la sola vigencia de un debate sobre la «imagen de España» en el mundo constituye un rotundo éxito de la derecha en el desarrollo de esa supuesta «guerra cultural» que vendría intensificándose en los últimos años. Faber advierte oportunamente de sus peligros y consecuencias.

Como él mismo declaraba en una entrevista, «la idea de que España está siendo minusvalorada o despreciada o desdeñada injustamente en el mundo es infantil y ombliguista», y sólo sirve como arma en una lucha política de puertas adentro, para competir en españolidad.

Febrero

Leo *Cultura y política. Clase, escritura y socialismo*, del escritor, académico, novelista y crítico galés Raymond Williams (1921-1988), destacado representante del movimiento conocido en su momento como Nueva Izquierda (New Left), en cuyo marco ejerció una notable influencia. El libro de Williams recién publicado por Lengua de Trapo en traducción de Jorge Lago, con prólogo de Iván Alvarado y Diego Parejo, y con una sustanciosa introducción de Phil O''Brien Salford, es una colección de ensayos y conferencias en su mayor parte inéditos, tanto en castellano como en inglés; una obra póstuma que reúne materiales de muy variada procedencia, todos de altísimo interés. Entre estos materiales se cuenta el texto de una conferencia impartida en 1979 y titulada *La literatura obrera británica después de 1945*. Se trata de una pieza excepcional —como casi todas las reunidas en el libro—, que, pese a su antigüedad, sirve muy bien para reflexionar sobre lo que cabe entender en general por «literatura obrera» y lo que suele pasar por tal.

Dice Williams a este propósito: «La mayoría de las novelas y obras de teatro de la clase trabajadora en Gran Bretaña han sido escritas por personas que nacieron y crecieron en familias de clase trabajadora y que, en un momento u otro, a menudo relativamente temprano, fueron trasladados a un sistema educativo que los alejó, cuando llegaron a la vida adulta, de los trabajos y de la clase trabajadora, pero no de la vida de la clase trabajadora ni de sus conexiones familiares. Y así se obtiene la típica novela de la clase trabajadora, de la que ha habido muchos y muy buenos ejemplos, en la que hay una intensa recreación de la naturaleza de la vida familiar de la clase trabajadora —el hogar, la comida, las salidas, etc.— pero no de esa experiencia central de la clase que es el trabajo, que el niño de esa familia ve a cierta distancia pero que no comparte».

Se pregunta Williams si esta inhibición a la hora de escribir sobre el trabajo responde a una incapacidad. Y se manifiesta convencido de que sí, de que lo es. Sigo leyéndolo:

«En primer lugar, la experiencia formativa del trabajo, como proceso físico tanto como relación laboral real, tiene mucho menos importancia de la que debería en cualquier definición de la clase obrera y de su tipo de literatura; en segundo lugar, no aparecen las relaciones con otras clases sociales, que tienden igualmente a estar excluidas. Así, se podría definir un tipo de novela obrera como una especie de novela regional atractiva, no una novela de clase sino regional. Se trata de gente como la que podríamos leer en alguna descripción de alguna pequeña comunidad en los márgenes del mundo. Tienen sus costumbres específicas, hablan a su manera, su vida se recrea con detalles convincentes. Pero que se trate de unos isleños concretos o de una familia de clase trabajadora en las callejuelas de un pueblo fabril de Lancashire no es una diferencia significativa, porque lo que se crea, tanto por los recuerdos de la infancia como por la exclusión del escritor de esa parte de la experiencia de clase que fue el trabajo, es ese mundo comparativamente cerrado de la memoria de la infancia y de la familia. De hecho, una novela de la clase obrera está destinada a ser solo una novela regional, me parece, si no muestran las relaciones de la clase obrera con otras clases. Al fin y al cabo, las clases, en cualquier sentido significativo, existen en sus relaciones sociales; no solo internamente, sino entre sí. Si se toma la clase obrera como una especie de categoría, de atributo de casta, como si fuera algo meramente local o regional y no este proceso social dinámico y problemático, entonces se obtiene ese tipo de literatura. Ello no quiere decir que ese tipo de literatura no sea bienvenida, pero hay un verdadero problema en cuanto a si se le puede llamar de clase trabajadora».

*

Distraídos venceremos, tituló el poeta brasileño Paulo Leminski su libro quizá más conocido. Me lo recuerda una amiga justo cuando acabo de leer, citada en una entrevista a Bruno Latour, esta frase del historiador francés Paul Veyne: «Las grandes transformaciones son tan sencillas como el movimiento que hace alguien que duerme para darse la vuelta en la cama».

*

En 1997 el actor Gary Oldman rodó como director, a partir de un guion escrito por él mismo, un largometraje titulado *Nil by Mouth*, que se estrenó en español, creo, con el título *Los golpes de la vida*. Se trataba de una coproducción británico-francesa, y era, al parecer, un drama deprimente y estremecedor sobre una familia de clase trabajadora descompuesta por los efectos de las políticas económicas del thatcherismo. La película obtuvo un resonante éxito de crítica. Su actriz principal, Kathy Burke, se llevó el premio a la mejor interpretación femenina en el festival de Cannes. *Nil by Mouth* obtuvo el premio al mejor guion y al mejor film británico en los premios BAFTA de ese año, y cinco distinciones más, el año siguiente, en el British Independent Film Awards (BIFA). En un pase previo, Eric Clapton se brindó a componer la banda sonora original.

Quise ver la película pero aún no lo he conseguido. No está disponible en ninguna plataforma, al menos en España, y no se llegó a publicar en DVD. Mis pesquisas en los escasos videoclubs que sobreviven en Barcelona no han dado fruto.

Mi interés por *Nil by Mouth* lo despertó la atención que le prestó a finales del año pasado el diario *The Guardian*. Se cumplían los 25 años del estreno y con este motivo fue remasterizada, editada en Blu-ray y colgada en el portal de BFI Player, una envidiable institución que promueve y preserva el cine y la televisión en el Reino Unido. Dos artículos de *The Guardian* revisitaban la película y hablaban de ella en los mejores términos. En uno de ellos, el mismo Gary Oldman recordaba las circunstancias del rodaje y su relación con los actores. Lo que describe y cuenta en *Nil by Mouth* es, dice, resultado de su experiencia personal. Oldman creció en un entorno familiar y en un barrio que se corresponden en buena medida con los de la película. «Sentí que el Londres que había conocido cuando era niño nunca había sido representado. Sucedieron cosas en mi familia que fueron impactantes, así que sentí un empujón para contar mi propia historia», cuenta. Y añade: «No pudimos recaudar ni un centavo, pero luego mi socio productor, Douglas Urbanski, almorzó con el cineasta Luc Besson, con quien había hecho *Léon*. Sin dudarlo, Luc dijo: "Por supuesto que financiaré la película de Gary". *Nil by Mouth* recaudó 1,9 millones de libras esterlinas, pero la película finalmente costó cuatro millones, que yo mismo financié. Estaba divorciado y no llevaba un estilo de vida particularmente extravagante, no coleccionaba arte ni conducía un Ferrari, aunque podría decirse que invertir mi dinero en una película resultaba algo frívolo».

Preguntado por las razones por las que no ha vuelto a dirigir otra película desde entonces, decía Oldman, en una larga entrevista para BFI Player, que era «una larga historia». A lo que añadía poco después: «No es por no harelo intentado. Simplemente, no quieren más. Ese es el problema. Lo que quieren es *Cuatro bodas y un funeral*».

Estas últimas palabras las recogía James Tapper en un reportaje algo posterior del mismo *The Guardian*, en el que daba cuenta de los resultados de un amplio estudio estadístico realizado en Reino Unido con el objetivo de observar la movilidad social en el sector cultural. El estudio al que me refiero, publicado en la revista *Sociology* por un equipo de investigadores de las universidades de Edimburgo, Manchester y Sheffield, se basa en datos de la Oficina Nacional de Estadísticas del Reino Unido, entre los que sobresale el siguiente: la proporción de músicos, escritores y artistas pertenecientes por origen a la clase trabajadora se ha reducido a la mitad desde la década de 1970. Concretamente, ha pasado de un 16,4% a un 7,9%. Un descenso más o menos proporcional al de los jóvenes nacidos en hogares de clase trabajadora, que en el mismo periodo ha pasado de un 37,6% al 21%. Hasta aquí, nada alarmante ni escandaloso. Lo que tiene interés, con estos datos en la mano, es enterarse de que, en el arco de tiempo considerado, apenas se han producido cambios por lo que respecta a la movilidad de clase a la hora de ocupar trabajos creativos. «Las posibilidades de entrar en el trabajo creativo siguen siendo profundamente desiguales en términos de clase», concluye el informe. Es decir que las perspectivas de trabajar en el sector cultural, para un joven procedente de la clase trabajadora, siguen siendo, hoy como en 1970, cuatro veces más reducidas que para un joven perteneciente a un entorno acomodado.

A falta de estudios equivalentes por lo que toca a España, entretengámonos en dar vueltas a lo que sabemos del Reino Unido. No me parece abusivo proyectar sobre nuestro país los datos de allí, por mucho que uno sospeche que se daría cierto margen de diferencia, no exactamente a nuestro favor.

Además de la ya señalada, los autores del estudio al que me vengo refiriendo sacan otras conclusiones a las que vale la pena prestar atención. Resumo dos de ellas:

1. Desmienten, en primer lugar, el mito de la «meritocracia», esa idea ampliamente extendida de que «el sector cultural comprende un conjunto de ocupaciones que se suelen contratar en función del talento, independientemente del origen social». No es el caso: las determinaciones de origen siguen siendo, en la actualidad como hace medio siglo, decisivas a la hora de acceder a este sector. Los bajos salarios y el trabajo precario que lo caracterizan siguen siendo «barreras obvias para el acceso al mismo de quienes no tienen apoyo económico», concluye el estudio. He aquí —añado yo— una de las paradojas del sector cultural: sin un sostén familiar o medios propios, difícilmente puede nadie resistir el largo proceso de «adiestramiento» consistente en desempeñar trabajos semigratuitos como «becario» o como «colaborador» autónomo. El sector editorial, que es el que mejor conozco, dispone de toda una legión de candidatos dispuestos a trabajar incontables horas con tarifas de miseria a efectos de poder acreditar, llegado el momento, la imprescindible «experiencia». Experiencia

casi siempre insuficiente, por otro lado, si antes no se ha cumplimentado debidamente el «rito de paso» —o peaje— consistente en cursar uno cualquiera de tantos «máster en edición» que exprimen el bolsillo del candidato con el señuelo de procurarle, junto a unos cuantos rudimentos generales, una muy orientada red de «contactos». La creciente «proletarización» de los trabajadores del sector editorial —un sector, por otro lado, en que las diferencias salariales son llamativas— presupone que su reclutamiento mal puede realizarse entre jóvenes que a lo que aspiran es a aliviar con su fuerza de trabajo la estrechez de sus hogares. Por lo demás, también en el sector cultural —advierten los autores del informe— «las cuestiones de género y etnicidad agravan las desigualdades», como era de esperar.

2. Otra conclusión del informe es que, al contrario de lo que es común pensar, no ha habido ninguna «edad de oro» para el acceso a los sectores culturales o creativos por parte de las personas procedentes de la clase trabajadora. Es este un mito que viene avalado por innumerables relatos en los que el acceso a la cultura por parte de sus protagonistas ha actuado como herramienta de desclasamiento. Se tiende a creer que, en las décadas posteriores al Segunda Guerra Mundial, en las que se produjo un acceso masivo a la enseñanza media y superior por parte de los hijos de las clases intermedias y obreras, el sector cultural brindó a muchos jóvenes de familias trabajadoras la oportunidad de ingresar en su esfera y prosperar dentro de ella en condiciones de relativa igualdad. No es así, al parecer. En ningún momento desde la década de 1950

—observan los autores del informe— ha sido más fácil para los jóvenes de origen obrero, en comparación con los de otras clases, acceder al trabajo creativo. «Siempre ha sido relativamente difícil», afirman.

Incluso entre aquellos que poseen estudios —sigue concluyendo el informe, que detalla con bastante precisión los diferentes estratos socioeconómicos que maneja—, se observa una marcada desventaja para quienes proceden de la clase trabajadora. Un graduado cuyos padres reciben ingresos elevados «tiene más del doble de probabilidades de obtener un trabajo creativo, en comparación con los graduados de origen obrero». Y la proporción es aún más sangrante entre los que no tienen titulación alguna: las posibilidades de acceso a trabajos creativos son tres veces mayores para los que pertenecen a familias acomodadas, «lo que refleja la importancia de las redes tradicionales (familiares y basadas en la escuela) y del capital cultural acumulado en la mediación del acceso al deseado puesto de trabajo». En resumen, «en términos de movilidad social relativa, las probabilidades de que una persona acceda al trabajo creativo están fuertemente asociadas con su origen de clase, incluso después de tener en cuenta las calificaciones».

Nada de esto resulta nuevo ni mucho menos sorprendente, pero no está de más recordarlo y certificarlo con los datos y la contundencia con que lo hacen los autores de «Movilidad social y "apertura" en ocupaciones creativas desde la década de 1970», que es como se titula el artículo en el que se da cuenta de la investigación mencionada.

Al hilo del mismo, se publicaron en *The Guardian* —y supongo que otros medios británicos— numerosos artículos y columnas que comentaban las conclusiones volcadas en la revista *Sociology*.

En uno de ellos, el escritor Tomiwa Owolade denunciaba que «los bajos salarios y la inseguridad laboral en las artes hacen que su campo sea cada vez más exclusivo de los ricos y, como resultado, menos diverso». Pese a no proceder de un entorno obrero, Owolade aportaba su propio testimonio para dar cuenta de las dificultades que para optar por un trabajo «creativo» tiene un joven necesitado de recursos y narraba la consternación de sus padres cuando les dijo que quería dedicarse a las letras. Se pregunta Owolade:

«¿Por qué una joven talentosa de clase trabajadora debería convertirse en una escritora mal pagada cuando podría trabajar en finanzas y ayudar a su familia? ¿Por qué un joven inteligente se esclaviza como periodista cuando podría estar mejor remunerado como abogado? Estas preguntas pueden sonar groseras. El dinero no lo es todo; estoy de acuerdo. Pero el dinero cuenta. Los ingresos medios anuales de un autor ascienden a siete mil libras esterlinas. La mayoría de los actores no son estrellas de Hollywood, sino trabajadores sobrecargados que luchan por trabajos ocasionales. ¿Puede sorprender que los actores que llegan a la cima a menudo provengan de familias adineradas? Se trata de industrias en las que aquellos a quienes la riqueza les viene de familia pueden darse el lujo de trabajar. Un estudio de Sutton Trust de 2016 concluyó que el 67%

de los ganadores británicos del Oscar recibieron educación privada. Los que vienen de familias pobres tienen que hacer una elección mucho más difícil. Es por eso que cualquier discusión sobre la diversidad sin tener en cuenta la clase o el dinero es inútil. ¿Por qué alentar a alguien de origen humilde a agravar potencialmente su pobreza?».

En otro artículo algo más viejo del mismo *The Guardian*, el actor Eddie Marsan ofrecía su testimonio por lo que respecta al mundo de la interpretación y del cine. Escribía Marsan, cuyo padre era camionero:

«He estado actuando profesionalmente durante más de veinticinco años, pero sé lo que es sentir ese sueño en peligro por falta de dinero. Nunca recibí una beca para ir a una escuela de teatro. La matrícula de mi primer año en una de ellas la proveyeron mi difunta madre y un corredor de apuestas del East End. [...] Si no hubiera sido por eso, me habría quedado fuera; soñaría antes de ni siquiera haber comenzado. Así que agradezco lo que recientemente dijo Maureen Beattie, presidenta de Equity, sobre la falta de oportunidades para que los jóvenes de clase trabajadora sigan una carrera de interpretación. No tengo nada en contra de mis colegas y amigos de entornos más privilegiados que han tenido éxito: muchos de ellos son actores fantásticos que merecen plenamente su éxito. Pero, como dijo Idris Elba con tanta elocuencia cuando habló en el Parlamento: "El talento está en todas partes; la oportunidad, no". Eso está muy claro en mi profesión. No solo hay menos actores de origen obrero, también hay menos escritores, directores, editores encargados, productores y críticos de clase trabajadora. Esto da como resultado un círculo de influencia decreciente, por lo que la perspectiva que domina las historias que contamos proviene de los estratos más altos de la sociedad. No importa cuán bien intencionados o socialmente progresistas intenten ser: lo que se obtiene es un reflejo distorsionado del mundo en el que vivimos. [...] No solo hay menos actores de clase trabajadora, también hay menos escritores, directores y productores de clase trabajadora. Y nuestro país, por supuesto, no solo está formado por diferentes clases, sino también por diferentes razas y culturas. Las películas que hacemos, las obras que representamos y las historias que escribimos deben reflejar eso. Necesitamos un joven somalí londinense que haga películas sobre la comunidad somalí en Londres, un joven dramaturgo bengalí que escriba una obra sobre las dificultades de crecer bajo la influencia de dos culturas a veces en conflicto. Es escuchando las historias de los demás, explorando las perspectivas de los demás, que aprenderemos a trascender la idea fija de nosotros mismos y unirnos».

Recomiendo asomarse a los artículos tanto de Owolade como de Marsan. Por mi parte, detengo aquí, al menos por ahora, la cadena de asociaciones a que me condujo la lectura de la breve crónica de James Tapper. El asunto da de sí. Repito que mi atención al mismo venía incentivada por la lectura de una vieja y formidable conferencia de Raymond Williams. El hilo no sólo podría, sino que debería estirarse para poner sobre la mesa un montón de cuestiones de las que, quizás por consabidas, no se conversa casi nunca. No al menos aquí, en nuestro país, o eso me parece. Va siendo hora de empezar a hacerlo.

Marzo

Puede que ningún episodio ilustre mejor el talento cosmético de los artífices de la Transición que el regreso a España del *Guernica*, el 10 de septiembre de 1981. Los ímprobos esfuerzos diplomáticos empleados para conseguirlo fueron secundados, puertas adentro, por una operación política y cultural de gran calado cuyo objetivo era resignificar el cuadro y convertir su instalación en Madrid en glorioso trofeo del proceso democratizador que protagonizaba el país. Recordar las resistencias que hubo que vencer para traer de vuelta el *Guernica* supone recordar de nuevo aquello que hubo que sacrificar en aras de la Transición: la memoria activa de la Guerra Civil y de sus causas, la vindicación de la República, las reclamaciones históricas de la izquierda y de los nacionalismos periféricos.

«En el mural en que estoy trabajando, que titularé *Guernica*, y en todas mis obras recientes, expreso con claridad mi odio hacia la casta militar que ha hecho naufragar España en un océano de dolor y muerte», declaraba en 1937 Picasso, autor de *Sueño y mentira de Franco*, que en 1944 hizo pública su adhesión al Partido Comunista de Francia y que cumplió su promesa de no regresar a España si no se restauraba en ella la República. Esta misma condición fue la que puso siempre a toda iniciativa de llevar el *Guernica* al país.

La operación de maquillaje comenzó en los años 60, en Estados Unidos, no mucho después de la visita de Eisenhower a la España de Franco. En la cartela que acompañaba a la obra en el MoMA se leía: «Ha habido muchas y a menudo contradictorias interpretaciones del *Guernica*. El propio Picasso ha negado cualquier significación política, indicando simplemente que el mural expresa su aborrecimiento de la guerra y la barbarie». Se trataba ya entonces de hacer pasar el *Guernica* poco menos que por una versión gore de la famosa paloma dibujada por el mismo Picasso para el cartel del Primer Congreso Mundial de Partisanos por la Paz, celebrado en París en abril de 1949.

Poco después se sembrarían las dudas acerca de la sinceridad de su adhesión al comunismo. En 1968, el entonces director general de Bellas Artes de España, Florentino Pérez Embid, uno de los impulsores del regreso del *Guernica* a España, atenuaba las reservas de Carrero Blanco excusando a Picasso de haber adoptado «actitudes políticas estrafalarias, nunca coherentes ni sostenidas durante mucho tiempo, según es frecuente entre los artistas».

Ya entrada la década de los 70, cuando, fallecido Picasso, la posibilidad del regreso iba ganando terreno, el principal inconveniente que oponían los herederos del artista era la condición de que el cuadro solo podía ser devuelto a España el día que la República fuera «restaurada». Hasta el mismísimo Santiago Carrillo salió al paso para vencer esta resistencia: «No tengo

ninguna duda de que el artista se refería al restableci-
miento de la democracia, que entonces no se concebía
de otra forma que a través de una república».

A esas alturas, la posibilidad de que el cuadro fuera depositado en la localidad vasca de Gernika, como
pretendían los nacionalistas vascos, apenas entraba en
consideración.

Cuando el *Guernica* llegó a Madrid, había dejado
de ser un símbolo de la lucha contra el fascismo para
convertirse en emblema de concordia y de reconcilia-
ción. El editorial del diario *El País* de ese día se titula-
ba «La guerra ha terminado». Íñigo Cavero, entonces
ministro de Cultura, declaró: «Hoy regresa a España
el último exiliado». Un año después, el cuadro insta-
lado en el Casón del Buen Retiro había recibido un
millón de visitas. Entretanto, como vaticinaba con
ironía Francisco Umbral en una columna del año
1979, «el rojerío», decepcionado, había ido quitando
las chinchetas de la lámina del *Guernica* que tenían
colgada en su casa.

Abril

Una vez más, como si de cumplir un viejo y trasnochado rito se tratara, los versos de Antonio Machado
sirvieron para poner fin al discurso de un político español en el Parlamento.

Pobre Machado, manoseado sin cesar por unos y
otros, desde hace ya más de ochenta años.

En esta ocasión lo invocó Ramón Tamames, al final de su discurso en la moción de censura impulsada por Vox el pasado 21 de marzo.

Se preguntaba Tamames si los problemas de España tenían solución, y él mismo respondía que sí. Lo hacía pensando, dijo, en unos versos famosos de Antonio Machado: «Mas otra España nace, / la España del cincel y de la maza, / con esa eterna juventud que se hace / del pasado macizo de la raza. / Una España implacable y redentora, / España que alborea...».

A lo que apostillaba Tamames: «Eso sí que es un programa hecho en los versos más hermosos que se pudieran concebir».

Palabras a las que siguieron unos desganados aplausos de la bancada de Vox.

Fue precisamente a propósito de Machado que Rafael Sánchez Ferlosio, su más atento y respetuoso lector, escribió en 1980 un artículo titulado «La demencia senil de la cultura española». Se hablaba por aquellos días de repatriar los restos del poeta, y Ferlosio salía al paso de la rancia retórica empleada con este pretexto, unos y otros dale que te dale invocando la memoria de Machado como «un patrimonio cultural».

En ese artículo se refería Ferlosio a los mismos versos citados por Tamames, que no tenía empacho en calificar de «horripilantes». Y eso que, como va dicho, nadie ha profesado mayor respeto y admiración por Machado que Ferlosio.

En otro artículo de ese mismo año, titulado «Los toros como Antiespaña», volvía Ferlosio sobre esos versos de Machado y se hacía cruces ante el hecho de que un poeta como él cayera «en la españolísima pasión por esta lúgubre y asoladora España del cincel y de la maza». Una imagen, esta del cincel y de la maza, que a Ferlosio se le antojaba paradigma de «representación fascista si las hay, en el preciso sentido de reducir a los hombres y a los pueblos a meros materiales e instrumentos de grandeza histórica y de hacer de la vida cuerpo de la historia, lo que siempre acaba equivaliendo a hacerla carne de cañón».

En un artículo anterior, titulado «Restitución del fariseo», escribía Ferlosio que «el famoso pasaje de "la España del cincel y de la maza" es justamente el más fascista de todos los pasajes de Machado; "fascista" no en el lato sentido o sinsentido acuñado para insulto, sino en otro muy específico y característico: el de la concepción de los hombres y los pueblos como instrumentos de grandeza histórica».

De lo que se desprende que no por casualidad el candidato de la ultraderecha para la presidencia del Gobierno, en la pasada moción de censura, escogió, entre todos los de Machado, justamente esos versos que Ferlosio juzgaba representativos de «la peor literatura orteguiano-falangista» y tachaba como «los más detestables ripios fascistoides del propio Antonio Machado».

Nada es casual, por lo que se ve.

Por lo demás, tiene interés observar que Tamames interrumpía su cita en el punto justo. Si la prolongaba un poco más allá, ese «programa» que según él plantean los versos de Machado ofrecía algunos filos indeseablemente cortantes. Pues los versos citados siguen así: «…Una España implacable y redentora, / España que alborea / con un hacha en la mano vengadora, / España de la rabia y de la idea».

Con la bancada de Vox a las espaldas, no me digan que los versos, así, no suenan diferente.

*

«Los grandiosos tiempos en que las palabras / servían para el alegato humano / y la imaginación de pequeños contenidos locales, / y las tapas cerraban» (Robert Creeley, *Pedazos*).

Mayo

Hace ya tiempo que vengo protestando contra la tendencia creciente a omitir, en la noticia biográfica que sobre el autor suelen incluir las cubiertas de los libros, la fecha de su nacimiento. Se me antoja un gesto de coquetería que tiene por efecto escatimar un dato que en ocasiones puede ser determinante a la hora de escoger una lectura.

«Si yo fuera editor, haría constar en las cubiertas de los libros no sólo los nombres de los autores sino también la edad exacta que tenían al escribirlos, para que sus lectores pudieran decidir si les interesa tener en cuenta el contenido o el punto de vista de un libro escrito por un autor mucho más joven o mucho mayor que ellos».

Me sentí muy reconfortado, hace unos días, al leer estas palabras en el texto de una conferencia que dio Joseph Brodsky en la inauguración de la Feria del Libro de Turín en mayo de 1988.

La conferencia se titula «Cómo leer un libro», y está recogida en *El dolor y la razón* (Destino), volumen en el que, poco antes de morir, el propio Brodsky reunió sus últimos artículos, ensayos e intervenciones públicas.

Para Brodsky, «el valor de una idea se halla en relación con el contexto del que brota». En su conferencia, él mismo predicaba con el ejemplo, y antes de hacer sus propias recomendaciones acerca de cómo leer un libro, trazaba un humorístico perfil de su personalidad, retratándose a sí mismo como «una de esas personas que se sienten incómodas en reuniones multitudinarias, que no bailan en las fiestas, que tienden a encontrar justificaciones metafísicas para el adulterio y se muestran reacias a hablar de política».

Por supuesto que no es exigible que un escritor exhiba sus credenciales con semejante grado de sinceridad, pero sí al menos que nos diga en qué año nació, por mucho que —como tan a menudo ocurre— adjunte luego una fotografía tomada vaya uno a saber cuántos años antes de la publicación del libro en cuestión.

Esto de las fotografías de los autores en las solapas de los libros también tiene su coña, ya puestos. Las hay que no tienen desperdicio. Muchas de ellas aportan no poca información acerca de la imagen que el escritor o la escritora pretende proyectar.

Durante mucho tiempo pensé que iba a poder resistirme a que mis columnas y artículos fueran acompañadas de una fotografía. Pero finalmente hube de doblegarme, qué remedio. Tampoco se trataba de hacerse el Pynchon, a estas alturas. Pero conste aquí mi inveterado repudio a esta ya convencional imposición.

Julio

La vida como un largo viaje en tren, emprendido de buena mañana. La fresca atención con la que uno comienza a contemplar el paisaje a través de la ventana. Conforme oscurece, sin embargo, y se encienden las luces del vagón, el vidrio va convirtiéndose poco a poco en un espejo, y en la ventana se refleja el rostro de uno mismo en primer plano, ya sin exterior, sobre un fondo de sombra.

Agosto

La escena tuvo lugar el 29 de diciembre de 1917. A Franz Kafka hacía poco que le habían diagnosticado tuberculosis. Tras solicitar una baja temporal en el trabajo, había ido a restablecerse a la aldea de Zürau, a la granja que trataba de sacar adelante su hermana pequeña, Ottla, su favorita. Los meses que pasó allí se cuentan entre los más felices de su vida. Detestaba la perspectiva de regresar a Praga, pero, transcurrido un tiempo, tuvo que ir allí por unos días, para consultar con los médicos, presentarse en la oficina, ver a los amigos, visitar a la familia. Lo peor, para él, era esto último, tener que alojarse de nuevo en la casa familiar, de la que siempre trató de escapar. Allí estaba su padre, ocupándolo todo con su personalidad avasalladora, bronca, imponente. Entonando una y otra vez las mismas monsergas, evocando una y otra vez las mismas historias, quejándose una vez más de sus hijos.

Al día siguiente de su llegada a Praga, Kafka escribe a su hermana contándole el ambiente de la casa, el barullo constante, el modo en que su padre se refiere a ella como «la loca»: «¡Abandonar a sus pobres padres!

¿Qué trabajo hay allí ahora? Es muy fácil estar en el campo, donde se obtiene de todo en abundancia; alguna vez debería pasar hambre y tener verdaderas preocupaciones, etc»..

«Naturalmente, todo esto apuntaba indirectamente hacia mí», observa Kafka. Pues el padre atribuye a la mala influencia de Franz el comportamiento de Ottla. ¿Cómo iba a actuar de otro modo a la vista de los comportamientos «anormales» de su hermano?

«Anormales», dice el padre, en referencia a la tendencia de su hijo a sustraerse de las responsabilidades familiares, a romper sus compromisos matrimoniales, a quedarse escribiendo hasta altas horas de la noche…

En este momento, Kafka, que venía soportando con resignación la diatriba paterna, opta por replicar:

—Lo anormal no es lo peor cuando lo normal es, por ejemplo, la guerra mundial.

Recuérdese: es diciembre de 1917. Hace más de tres años que ha estallado la Primera Guerra Mundial. Falta cerca de un año todavía para que llegue a su fin. Los partes de guerra, los llamamientos a filas, las noticias de familiares y conocidos caídos en el frente, o heridos de más o menos gravedad, se han hecho rutinarios. Las privaciones en el abastecimiento de Praga comportan estrictos racionamientos. A pesar de lo cual la vida sigue: las cartas de Kafka reflejan cómo continúan las actividades culturales, continúan publicándose libros (entre ellos, los del mismo Kafka), se fundan revistas, se estrenan espectáculos de cabaret, de teatro, de ópera; los cafés, los merenderos, los balnearios, las estaciones de esquí, los paseos rebosan de gente... La vida sigue.

Habría mucho que decir sobre la actitud de Kafka hacia la guerra, sobre sus intentos de ser él mismo reclutado, sobre la escasa repercusión de la guerra en sus escritos (aunque no cabe olvidar que fue durante la guerra que Kafka escribió su escalofriante relato *En la colonia penitenciaria*).

En cualquier caso, esa réplica a su padre pone las cosas en su lugar.

La prolongación de la guerra, su normalización, no deja de ser la gran coartada, la gran licencia para todo cuanto resulta imposible comparar con su monstruosidad. Es decir, para casi todo.

Lo anormal, en efecto, no puede ser lo peor cuando lo normal es, por ejemplo, la guerra.

Pronto serán dos años de guerra en Ucrania, tres meses de genocidio en Palestina. En las orillas mismas de Europa.

La progresiva normalidad de estas atrocidades es el índice inequívoco de la absoluta anormalidad del mundo que aceptamos, que vivimos.

Septiembre

«Me indigna hasta lo más profundo del alma que la tierra esté destrozada mientras a todos nosotros nos pasman supuestos monumentos de valía e intelecto, panteones de falsas riquezas culturales. Siento menoscabado el valor de mi propia existencia por los tediosos años que he pasado adquiriendo competencias en los secretos del ingenio mediocre, como una de esas personas que lo saben absolutamente todo sobre un difunto héroe de cómic o una serie de televisión. El dolor que han sufrido otros mientras yo y los de mi clase estábamos así ocupados pesa en mi conciencia como un crimen» (Marilynne Robinson citada por Ali Smith en uno de los epígrafes que preceden a su novela *Fragua*, 2023).

Octubre

«Es cierto. La mayoría de la gente son otros. Sus ideas son las opiniones ajenas; su vida, una imitación; sus pasiones, una cita» (Oscar Wilde, *De profundis*).

André Gide conoció a Oscar Wilde, cuya influencia lo marcó, y en su diario, abunda sobre esto mismo en varias ocasiones: «Creo que los sentimientos auténticos son extremadamente raros, y que la inmensa mayoría de los seres humanos se contentan con sentimientos de imitación, que se imaginan que experimentan de verdad, pero que adoptan sin plantearse ni por un instante cuestionar su autenticidad. Se cree sentir amor, deseo, rechazo, celos, y se vive según un modelo corriente de humanidad que se nos propuso en la infancia».

En la misma entrada del diario, siguiendo el hilo de este razonamiento, recuerda Gide cómo, durante la Gran Guerra, cuando comenzó a colaborar en un Hogar de Refugiados al que llegaban soldados heridos en el frente, él y su amigo Jean Schlumberger, cansados de flagrantes mentiras que propagaban los periódicos, trataban de obtener información de primera mano sobre los combates. «Les hacíamos preguntas a algunos de ellos con una curiosidad llena de angustia, preocupados de conseguir por fin relatos veraces. Recuerdo nuestro estupor al escuchar a aquellos soldados —de los que esperábamos por fin un testimonio verídico— recitarnos ingenuamente las mismas frases que cada día se podían leer en los diarios; frases que ellos evidentemente habían leído y que ahora usaban. No parecía en absoluto, ay, que sólo tomasen prestadas las fórmulas fáciles y las frases más o menos bien hilvanadas, palabras sonoras y que quizá podían impresionarles; también sus sensaciones, incluso sus emociones, habían aceptado aquel dictado, se sometían a él, y aquellas fórmulas que recitaban ni siquiera les traicionaban. Habían visto, sentido, experimentado conforme a ellas. Ninguno de ellos fue capaz de ofrecer la menor reacción original» (10 de febrero de 1929).

Diciembre

Él se dijo: «Si hubiera empleado en enmendarme el mismo talento y tanto esfuerzo como he empleado en justificarme, hoy sería un hombre más recto».

2024

Enero

Llego por los pelos a ver la muestra *Llámalo de otra manera* (*Something Else Press, Inc., 1963-1974*), en el Museo Reina Sofía. La muestra propone un recorrido panorámico por una insólita aventura editorial heredera del espíritu experimental y revolucionario de las vanguardias, que trató de dar cauce a tendencias que no han hecho más que prosperar en una cultura mutante como la que nos ha correspondido vivir.

Todo comenzó con un cabreo monumental. El escritor y compositor estadounidense Dick Higgins (1938-1998), integrante del movimiento Fluxus, harto de que su amigo George Maciunas retrasara una y otra vez la publicación de su libro *Jefferson Birthday/Postface*, optó por crear su propio sello editorial, que enseguida iba a convertirse en cantera de todo tipo de iniciativas inclasificables. Fue su mujer, la también artista Alison Knowles, quien, preguntada por Higgins sobre qué nombre convendría a su sello, le dijo: «Llámalo de otra manera». Nació así Something Else Press (Something Else significa en inglés 'de otra manera'), que en la contracubierta de su primer libro llevaba impreso un manifiesto así titulado, en el que se leía entre otras cosas: «La dedicación a escala personal puede ser plural. Puedes dedicarte al mismo tiempo a preparar ensaladas y pescado, a la acción política y a la ingeniería fotográfica, al arte y al no-arte [...] En realidad, todo el mundo podría estar metido en esto del Something Else, lo quieras o no. Cualquiera».

En la misma vivienda neoyorquina de Higgins y Knowles, Something Else operó también como galería de arte, sala de conciertos y de lecturas, sede de talleres, de presentaciones y de toda clase de actos de naturaleza indefinida. Pues fue en el marco de Something Else como Higgins —pionero en el empleo de las computadoras como herramienta para la creación de arte— articuló su concepto de *intermedia*, con el que trataba de abarcar la naturaleza fluida, interdisciplinar, de la nueva pulsión artística, que había de servirse de todos los medios a su alcance para dar cauce a la sensibilidad surgida de la cultura de masas y la revolución tecnológica.

Vale la pena transcribir algunos pasajes del texto en que Higgins difundió en 1965 este concepto pionero:

«El arte es una de las maneras que la gente utiliza para comunicarse. Me resulta difícil imaginar una persona seria que sea capaz de atacar un medio de comunicación per se. Nuestros verdaderos enemigos son los que nos envían a morir en guerras sin sentido o nos obligan a vivir vidas que se reducen al trabajo soporífero, no la gente que utiliza medios de comunicación alternativos a los que nos parecen más apropiados en el contexto actual. Cuando alguien ataca estos medios, eso implica que se ha puesto en juego una maniobra de distracción que solo beneficia a los intereses de nuestros verdaderos enemigos. Pero lo cierto es que, debido a las campañas de alfabetización a gran escala, a la televisión y a los transistores de radio, nuestra sensibilidad ha cambiado. La propia complejidad de este efecto ha favorecido el gusto por la simplicidad, por un arte basado en las imágenes elementales que los artistas han utilizado siempre para expresarse [...] Ya no nos conformamos con los discursos grandilocuentes que nos urgen a tomar las armas para enfrentarnos a un mar de problemas: queremos ver soluciones. El arte que puede lograrlo de una manera más directa es el que favorece la inmediatez, con las mínimas distracciones [...] Si asumimos, a diferencia de lo que afirman McLuhan y otros autores que vienen arrojando algo de luz sobre el problema, que nuestro mundo actúan fuerzas amenazantes, ¿no sería lo más apropiado aliarnos para combatirlas y convertir lo que verdaderamente nos importa, lo que amamos u odiamos, en el nuevo objeto de representación de nuestra obra? ¿Cabe que el problema fundamental de los próximos años no sea tanto el descubrimiento de nuevos medios como el descubrimiento de maneras de usar lo que nos importa de forma apropiada y explícita? El viejo adagio que reza que "no es lo mismo hablar que actuar" nunca tuvo tanto significado como ahora [...] Debemos encontrar el modo de decir lo que hay que decir a la luz de nuestros nuevos medios de comunicación. Para ello vamos a necesitar nuevas tribunas, organizaciones, criterios, fuentes de información. Queda mucho por hacer, quizá más que nunca. Pero ha llegado el momento de dar los primeros pasos».

Febrero

Leo con retraso un extenso reportaje de José Durán Rodríguez en *El Salto* titulado «"¡Vendidos!", la acusación que traumatizó a los músicos de la generación X en los años 90». El autor se sirve de lo ocurrido con la escena alternativa del rock de los 90 para ilustrar el modo en que, a raíz sobre todo del éxito inesperado de Nirvana, las grandes discográficas fueron colonizando progresivamente grupos y sellos que se habían mantenido en una especie de semiclandestinidad contracultural, y fueron socavando su resistencia a entrar en el «sistema». Poco a poco, el temido anatema que suponía ser acusado de haberse «vendido» fue perdiendo capacidad de intimidación. «Venderse» fue dejando de estar mal visto. Y enseguida se pasó a hacer cola y postularse para ser mejor vendido. Como dice el músico Abel Hernández (excantante del grupo de rock experimental Migala), en declaraciones recogidas por José Durán: «Parece claro que hemos pasado de una época, pre crisis de 2008, en que existió cierta superioridad cultural de lo que yo más bien llamaría formas y conductas alternativas a lo *mainstream*, o directamente antimercado, a las actuales *promainstream*, donde predomina la búsqueda ansiosa de ser incluidos en el sistema». A lo que a apostilla José Durán: «Es un giro, opina, que simplemente indica el deslizamiento progresivo que se ha dado en el mundo en general en las últimas dos décadas al compás de lo que Mark Fisher denominó realismo capitalista: la creencia instalada de que no hay alternativa al sistema económico, social y mental capitalista».

El artículo/reportaje de José Durán está lleno de interés y no he podido evitar leerlo proyectando cuanto dice en el ámbito de la literatura y del negocio editorial. Es algo que no puede hacerse de manera mecánica, pues, como advierte Xandru Fernández en declaraciones recogidas también por José Durán: «La industria editorial es mucho más conservadora que la discográfica porque sabe que controla todas las etapas en la difusión de la obra literaria. Y, sobre todo, controla las instancias legitimadoras, que es lo que se suele llamar crítica literaria pero que cada vez más es un apéndice de la promoción editorial. La música, hasta no hace mucho, generaba espacios críticos independientes que llegaban a condicionar el funcionamiento de la industria discográfica. En cierto modo sigue siendo así, aunque las condiciones ya no sean las mismas de hace veinte años. Pero con la crítica literaria ni sucede ahora ni sucedía hace veinte años».

No estoy del todo seguro que sea así, o no al menos de modo tan concluyente. También en literatura, si bien con un calendario distinto, y salvadas todas las distancias entre dos industrias —la editorial y la discográfica— de tan diferente tradición, solera e irradiación cultural, se produjo un fenómeno comparable al que dibuja José Durán. Particularmente en España, durante la llamada Cultura de la Transición.

Lo ocurrido en el ámbito de la música *underground* es extrapolable a lo que entiende por *contracultura* en todos los ámbitos, incluido el literario. Y en el marco de este último, mucho más allá del recinto muy restringido de la contracultura, cabe reconocer sin duda un mismo proceso de «doblegamiento» al «realismo capitalista» que comportó, ya a finales de lo 70, la pérdida de cierto «pudor» que hasta entonces diferenciaba las «estrategias» personales, y no sólo literarias, de los escritores que entonces se consideraban «serios» frente a los más «comerciales».

Empleo unos términos deliberadamente gruesos, no es lugar éste para hilar fino. Por lo demás, quizá donde mejor quepa observar este proceso al que me refiero sea en el terreno en su día tan resbaladizo de los premios literarios. En 1977 gana el premio Planeta Jorge Semprún. En 1978, Juan Marsé. En 1979, Manuel Vázquez Montalbán, y el año siguiente queda finalista nadie menos que… ¡Juan Benet! Y de entonces en adelante.

*

«No fueron las ideas, sino las palabras, las que pusieron su vida en peligro» (Laurence Sterne, *Tristram Shandy*, II, 2).

Marzo

Al poco de conocerse la matanza de más de un cente-
nar de palestinos que esperaban un reparto de ayuda
humanitaria, las autoridades israelíes han difundido
un vídeo aéreo en el que la multitud desesperada rodea los camiones que traen los alimentos. Las imágenes impactan por la visión tan deshumanizada que
ofrecen de esa misma multitud, que cobra toda la apariencia de una nube de hormigas en movimiento.

Pocas veces se me ha hecho tan evidente la mirada con que los israelíes partidarios de Netanyahu
contemplan a los palestinos. Como bichos: así los
ven. Una plaga de hormigas a las que hay que aplas-
tar. Seres sin rostro, sin individualidad, sin más propósito que el de amontonarse sobre la miga de pan
caída al suelo. Qué delito puede haber en extermi-
narlos.

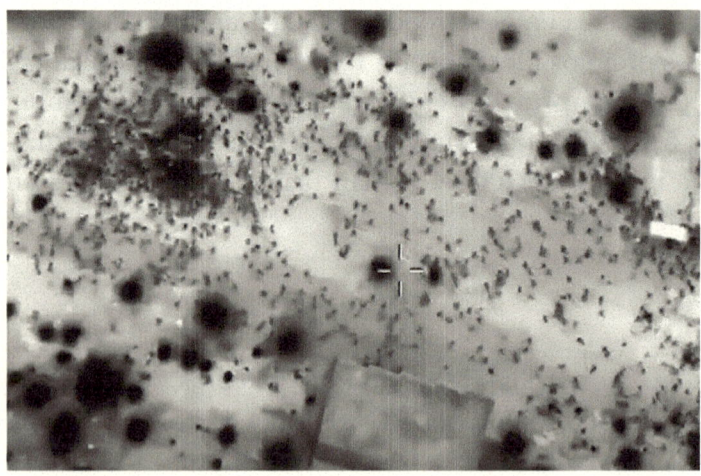

Abril

La Vanguardia publica una fotografía estremecedora de Salvador Dalí agonizante, con Jordi Pujol sentado a un lado y, al otro, uno de sus cuadros: *El nacimiento de una diosa*, de 1960. El rostro de Dalí decrépito, pelado el cráneo, con la nariz entubada y la boca abierta, es el de un muerto, mientras que su cuerpo aparece envuelto en una gran sábana —un sudario— que forma amplios pliegues, como en un cuadro flamenco. La fotografía, de Pedro Madueño, que yo no conocía, ilustra un notable artículo de la periodista Teresa Sesé donde comenta de manera muy incitante un libro recién aparecido en catalán: *Els últims secrets de Dalí*, de Josep Playà Maset (Editorial Gavarres). Dice Sesé de él «que parece un *thriller* entre cuyos protagonistas encontramos desde el Rey emérito a Jordi Pujol, pasando por Jorge Semprún, Tierno Galván y Pasqual Maragall». El relato de Playà Maset, tal y como lo resume Sesé, es un formidable enredo que ilustra como pocos la correlación de fuerzas y las dinámicas puestas en juego durante los estertores de la Transición. Junto a los tejemanejes que precedieron al regreso a España del *Guernica* de Picasso, la disputa por la herencia de Dalí, fallecido en 1989, ilustra modélicamente de qué modo el Estado español impuso su prepotencia sobre las pretensiones de vascos y catalanes de beneficiarse de dos valiosos legados artísticos, de signo por otro lado muy divergente. A los pocos meses de la llegada del *Guernica* a Madrid, en septiembre de 1981, Dalí revocaba el testamento en que repartía sus bienes entre el

Estado español y la Generalitat de Cataluña y cedía su legado íntegro al primero. Cuenta Playà Maset cómo «tras la muerte de Gala (en junio de 1982), el Estado se volcó en Dalí, le concedió la medalla de Carlos III, retornó la obra de Dalí que estaba en París y Nueva York, regularizó su situación fiscal, compró dos obras por valor de cien millones de pesetas, lo nombró marqués de Púbol..».. Con buen ojo, el entonces alcalde de Figueres, Marià Lorca, viendo la maniobra, emprendió un proceso de acercamiento a Dalí. A contrapelo de los recelos de los sectores intelectuales del catalanismo y del progresismo, «consiguió que la Generalitat concediera una subvención para la compra de lo que luego se llamaría Torre Galatea [...] consiguió que el Centro de Estudios Dalinianos se quedara en Figueres y, sobre todo, empieza a cuidar a Dalí. Le hace hijo predilecto de la ciudad, le hace regalos, le arregla Torre Galatea para que pueda trasladarse allí cuando se incendia su habitación del Castillo de Púbol..».. Dos meses antes de morir, es al alcalde Lorca a quien Dalí acude para pedirle ser enterrado en su Teatre-Museu. Al mismo tiempo le pide que traiga un notario... Cabe imaginar —así lo especula Playà Maset— que fuera para cambiar de nuevo su testamento. Al parecer, la *troika* a la que se acusaba de tener secuestrado a Dalí —el pintor Antoni Pitxot, el abogado Miguel Doménech y el fotógrafo Robert Descharnes— se ocupó de que el notario no llegase a ver a Dalí mientras éste permanecía aún consciente. La agonía del bufón franquista, también su aspecto físico al morir, replicó patéticamente la del dictador, incluidos esos partes médicos llenos de repelentes tecnicismos. Cuenta Sesé que, cuando se conoció el testamento del artista, Pujol declaró, mosqueado: «Nos sentimos engañados, pero no sabemos por quién».

Mayo

Recuerdo contemplar con asombro, joven aún, los tomos en que se agrupaban las obras completas de algunos de los escritores y estudiosos a los que admiraba. ¡Esas hileras de volúmenes gruesos y compactos, que acumulaban numeraciones intimidantes: tomo IX, tomo XVI, tomo XXIIII…! Recuerdo haberme preguntado de dónde había sacado, el escritor en cuestión, el tiempo necesario para escribir tanto. Me decía a mí mismo que ya solamente la tarea mecánica de escribir todas esas páginas, sin los trabajos que acarrea discurrirlas, excedía, conforme a mis cálculos, los años que el escritor llegó a vivir.

Ignoraba que la vida da para mucho. Que la vida adulta de una persona que fallece, pongamos, siendo septuagenaria, contiene cerca de 20.000 días. Que a esa persona le basta con escribir una página por día —lo cual no parece exagerado— para, todas sumadas, acumular al final de su vida un buen montón de tomos. Es una cuenta idiota, ya lo sé, pero sirve para hacerse cargo de que, bien considerado, esas obras completas que se me antojaban antes tan descomunales no lo son tanto. Pensemos en escritores prolíficos, periodistas, polígrafos de toda suerte, capaces de escribir con facilidad varias páginas al día. En su momento me ocupé de las *Obras completas* de Ramón Gómez de la Serna en Círculo de Lectores, que dirigía con intrépido heroísmo Ioana Zlotescu. Sumaron veinte tomos de cerca de mil páginas cada uno, y ello sin contar la obra dispersa en diarios y revistas, como tampoco la correspondencia.

No hace falta dedicarse a escribir para, a determinadas alturas, cobrar conciencia de que, entre pitos y flautas, uno lleva escrito, como sin quererlo, el equivalente a centenares, miles de páginas. Yo mismo, por ejemplo, no me considero en absoluto escritor; mi profesión es, propiamente, la de editor, razón por la que paso la mayor parte del día leyendo, si bien en esa forma tan peculiar en que un editor lo hace. Escribir columnas, reseñas, prólogos, artículos, notas, ensayitos, todo eso —siempre géneros mínimos—, ha constituido, para mí, una tarea marginal, derivada, digresiva o sencillamente complementaria en relación a mi principal actividad, que ha sido y sigue siendo la de editar. Pese a lo cual, si vuelvo la vista atrás y hago un simple cálculo a vista de pájaro, todas esas reseñas, columnas, artículos, prólogos, etc., reunidos, darían para varios tomos, ninguno de mucho interés pero en cualquier caso varios. Y eso sin contar lo que constituye el mayor cauce por el que forzosamente se desparrama, ay, mi escritura: esa infinitud de correos que, a diario, me veo impelido a redactar.

Pensémoslo con ecuanimidad. Es fácil que usted, querida lectora, querido lector, sin tampoco considerarse escritora o escritor, tenga por costumbre tomar notas o, por ejemplo, escribir un diario. Es fácil también que su trabajo, cualquiera que sea, le obligue a redactar informes o exponer cuestiones. Y luego está toda esa tupida red social por la que incesantemente circulan sus propios correos, tuits, wasaps, posts... menudencias, vale, que apenas cuentan para uno mismo como «escritura» y que sin embargo, todo sumado y volcado en papel, arrojaría en algunos casos decenas, centenares, acaso miles de páginas.

Ya alguna vez, desde aquí mismo, he reflexionado sobre el punto de inflexión que ha supuesto la alfabetización digital. Ya alguna vez he especulado con la posibilidad de que, por primera vez en la historia, escribir venga siendo, para buena parte de la población, una actividad tanto o más frecuente que la de leer.

Somos criaturas letradas. Por mucho que no deje huella, nuestro rastro escriturario, como la baba de un caracol, dibuja una línea kilométrica. Sorprende y abruma pensar en el volumen a que darían lugar nuestras «obras completas».

Junio

Cuando todavía se comenta en las redes la ostentosa —y bochornosa— exhibición, por parte de los «Javis», del casoplón que se han hecho construir en Madrid, llama mi atención la fotografía con la que ilustra Enric Juliana uno de sus análisis políticos para *La Vanguardia*. En ella se ve a un demacrado, casi espectral Fabio

McNamara, antigua estrella de la Movida madrileña, besando un rosario durante una de las ya tradicionales concentraciones de beatas, sacristanes e iluminados en la calle Ferraz. ¿De aquellos polvos estos lodos? Cualquiera lo pensaría, observando la deriva de fantoches como Alaska, Mario Vaquerizo, Nacho Cano y tantos otros. No es cuestión de generalizar, pero sí de preguntarse si existe algún tipo de malentendido en el concepto que muchos se hacen de qué cosa sea la izquierda, confundiendo los planos de la ética y de la moral. Ya las derivas reaccionarias o fascistoides en que incurrieron no pocos de los representantes de las vanguardias históricas debería servir de advertencia: la provocación, el descaro, el espíritu transgresor, las costumbres «licenciosas», las «conductas impropias» sólo de forma muy tangencial tienen que ver en algo con la izquierda. Otra cosa es que la izquierda haya abanderado la lucha por el derecho al matrimonio homosexual, la defensa de la diversidad, del colectivo LGTBI+ y tantos otros frentes en los que, de un tiempo a esta parte, ha conseguido avances mucho más palpables que en las políticas más ampliamente sociales. Pero de eso no se desprende que quienes abrazan cualquiera de esas «causas» sean exponentes de la izquierda, tanto menos si han acabado integrándose y triunfando en el marco de la cultura pop. Lo mismo da que hayan bebido de las contraculturas del signo que sea. Ni la contracultura, ni la subcultura, ni la marginalidad son patrimonio de la izquierda. Ser de izquierdas implica, entre otras cosas, comprometerse o al menos manifestarse a favor de una mayor justicia social, de una redistribución de la riqueza, lo que implica cierto pudor a la hora de hacer pública ostentación de lujo y de privilegios. En este sentido, el vídeo en que los Javis muestran su casa millonaria es toda una declaración de principios. O de finales. La repelente fraseología empleada por ellos mismos en tantas entrevistas, como en sus discursos cuando la recogida de los premios Goya, nada tiene que ver con la izquierda y sí con la más rancia ideología de la «superación». A propósito de la Veneno decían en una vieja entrevista: «Ser visible es un acto político». Y sin duda lo es, también cuando lo que se hace visible es una casa como la que ellos enseñan tan contentos.

Julio

Se cumplió el mes pasado el centenario de la muerte de Franz Kafka, que viene dando lugar desde comienzos de año a todo tipo de conmemoraciones. Se han hecho múltiples lecturas políticas de Kafka, la mayor parte de ellas con la mirada puesta en sus dos novelas más famosas —*El proceso* y *El castillo*—, así como en determinados relatos, en particular «En la colonia penitenciaria». Es sabido, por otro lado, que en sus años de juventud Kafka manifestó simpatías por el socialismo y por el anarquismo, sucesivamente, y que tanto en sus cartas y diarios como en los numerosos testimonios acerca de su personalidad y de sus opiniones, quedan rastros inequívocos de su hostilidad hacia los poderosos y de su solidaridad —su compasión, más bien, dicho sea en el más estricto sentido— con los más débiles. Sería sin duda abusivo —e improcedente— presentar a Kafka como un escritor «de izquierdas», pero, como escribe su biógrafo, Reiner Stach, lo cierto es que «mantuvo durante toda su vida una simpatía clara y sin prejuicios para con las motivaciones humanas de la izquierda política». Quien frecuenta a Kafka no puede dejar de sentirse interpelado por su modo unas veces irónico e incluso cáustico, otras desesperanzado, pero siempre lúcido e inconforme —cuando no resueltamente combativo— de considerar el progreso del mundo y sus tensiones. Júzguese si no:

«Para justificarse ante el oprimido, el privilegiado aduce sus preocupaciones. Pero lo único que le preocupa es mantener sus privilegios».

«Puedes echarte atrás ante los sufrimientos del mundo, eres libre de hacerlo y de hecho es lo que corresponde a tu naturaleza, pero quizá precisamente ese echarte atrás es el único sufrimiento que podrías evitar». «Creer en el progreso significa no creer que ya se ha producido un progreso. Eso no sería fe».

«El momento decisivo de la evolución humana es perenne. Por eso tienen razón los movimientos intelectuales revolucionarios que reniegan de todo lo anterior, ya que todavía no ha pasado nada».

«Nos crearon para vivir en el Paraíso, el Paraíso estaba destinado a servirnos. Nuestro destino cambió, pero nadie ha dicho que también haya cambiado el destino del Paraíso».

Resisto la tentación de glosar estos y otros apuntes, que se prestan mal al tipo de invocaciones que en política se suelen hacer más frecuentemente de Kafka y de «lo kafkiano», entendido casi como sinónimo de impotencia y absurdo.

De la lectura atenta de Kafka se desprende un interés constante de su parte por la «cuestión social». Lo dice Reiner Stach: «El pensamiento referido a conceptos sociológicos, políticos y macroeconómicos le fue ajeno a Kafka toda su vida, pero se abrió muy pronto a una moral con fundamento social, y agudizó así su conciencia de la injusticia realmente existente. Por supuesto, todo aquello iba dirigido, sobre todo, contra su padre... Pero precisamente ese origen de sus inclinaciones antiautoritarias, la delimitación y el posicionamiento respecto a su propio padre, terminó por permitir a Kafka opiniones mucho más definidas respecto a la esencia del poder de lo que la mera política de partido suele ofrecer».

Agosto

Alguien dijo —nunca he sabido con certeza quién— que todo hombre gordo lleva dentro a un hombre flaco queriéndose escapar. Me permito versionar este aserto de la siguiente manera: todo buen ciudadano lleva dentro a un fascista queriéndose escapar. No hay más que observarse a uno mismo en según que situaciones, reaccionando según cómo. Se me ha ocurrido pensar en esto al recibir de una amiga la siguiente cita, entresacada, al parecer, de una entrevista que le hiciera Natalie Ginzburg a Federico Fellini. Tratando de documentar la cita, veo que alguien la exhumaría recientemente en Instagram o cualquier otra red social, de ahí que, de un tiempo a esta parte, haya circulado mucho sin que me haya sido posible acreditar su fuente original. ¿Será apócrifa? Da lo mismo, ahí va: «El fascismo siempre nace de un espíritu provincial, de una falta de conocimiento de los problemas reales y del rechazo de las personas, ya sea por pereza, prejuicio, avaricia o ignorancia, para dar un significado más profundo a sus vidas. Aún peor, se jactan de su ignorancia y buscan el éxito para ellos mismos o para su grupo a través de la presunción, afirmaciones sin fundamentos y una falsa exhibición de buenas cualidades, en lugar de apelar a la verdadera capacidad, experiencia o reflexión cultural. El fascismo no puede ser combatido si no reconocemos que es simplemente el lado estúpido, patético y frustrado de nosotros mismos del cual nos debemos avergonzar».

Septiembre

En el metro. Estoy sentado en una de las hileras de asientos arrimados a uno de los lados del vagón. Voy leyendo. Parada. Se abren puertas. Salen dos personas. Entra un hombre cetrino, aspecto desastrado, gorra de béisbol cubierta por la capucha de la sudadera. Lleva a la espalda una mochila enorme, una especie de petate. Se sienta a mi lado y yo, para hacerle sitio, me desplazo un poco —sólo un poco— horizontalmente. Por la forma en que me mira, comprendo que el hombre interpreta mi movimiento como un reflejo aprensivo. Con una mueca de desprecio se levanta y se cambia de asiento. Al llegar a la estación de destino me incorporo y me encamino hacia la puerta del vagón. Coincido con el hombre, que se acerca de frente. Para tratar de borrar el malentendido, esbozo una sonrisa amable, reparadora. Pero enseguida me percato de que, nuevamente, me interpreta mal. Esta vez piensa que mi sonrisa es condescendiente, despectiva. Me mira con ferocidad y, haciendo un pequeño aspaviento, que acompaña de un gruñido, se gira de golpe y sale del vagón por delante de mí.

Octubre

En medio de *Little Girl Blue* (2023), documental dramatizado que protagoniza Marion Cotillard y que puede verse en Filmin, su realizadora, Mona Achache (París, 1981), hace una sorprendente revelación: tenía apenas catorce años cuando, en una de las frecuentes estancias en la casa de su «abuelo», al que adoraba, la pareja de éste, un fornido marroquí de gruesos mostachos, comenzó a entrar todas las noches en su habitación, abusando de ella.

El «abuelo» de Mona Achache era Juan Goytisolo, al que ella solía visitar, junto a su madre, en su casa de

Marrakesch. Su madre, Carola Achache —objeto del documental, que indaga en su suicidio— era hija de la célebre editora y escritora francesa Monique Lange, íntima amiga del escritor, a quien conoció en 1956 y con quien se casó en 1978, aun a sabiendas de su inequívoca orientación homosexual.

Cuando Mona Achache le contó a Goytisolo lo que ocurría, éste le recomendó que lo mantuviera en silencio, al parecer apelando al significado tan distinto que ciertas conductas tienen en una cultura y otra. También su madre —quien, por su parte, siendo muy joven, padeció los abusos y la influencia dañina de Jean Genet, gran amigo tanto de Monique Lange como de Goytisolo— le recomendó callar. Y lo mismo su abuela. Achache se limitó, pues, a dejar de relacionarse con Goytisolo. Acerca de éste, una de las muchas notas escritas por Carola Achache que la película muestra dice: «Juan vive como un sultán. Amir es el esclavo soñado. Las mujeres cocinan y barren» (17 de abril de 1994).

La prensa española no ha dejado de hacerse eco de esta revelación escandalosa, sin perder la oportunidad de relacionarla con el escalofriante caso de la hija de Alice Munro. Pero lo que la hace especialmente sangrante, al menos a mis ojos, es la forma tan estentórea y a menudo autocomplaciente en que Juan Goytisolo asumió el papel de intelectual comprometido con los desfavorecidos y de activo combatiente de la moral imperante.

Con motivo de la publicación en español de *Las casetas de baño*, volumen que reunía tres hermosos relatos de Monique Lange, Goytisolo escribió un prólogo en que aprovecha una vez más, como solía, para «sacarse en procesión a sí mismo» (por emplear la certera expresión que utilizó Juan Marsé refiriéndose a él). En ese prólogo, no sé con cuanta veracidad, pone en boca de Lange estas chocantes palabras: «El homosexual, como el judío, no merecen serlo si no saben extraer, a partir de su experiencia, el común denominador de las demás opresiones, si no se ponen en la piel de todos los marginados y perseguidos en razón de sus ideas, su raza, religión o etnia».

Significativamente, Goytisolo/Lange obvian aquí la opresión a la que las mujeres suelen estar sometidas, en la cultura occidental tanto como en la islámica. En el mismo prólogo, cuenta Goytisolo cómo Lange le dice llena de orgullo que su nieta «ha salido a manifestarse, a sus catorce años, contra el odioso lepenismo que nos invade». A la misma edad, sí, en que él le recomendaba no manifestarse contra los abusos reiterados que había sufrido por parte de su querido Amir.

Goytisolo habla del «amor innato» de Lange por los homosexuales y se pregunta si era consecuencia de «su anhelo por un amor imposible o un oscuro sentimiento de fraternidad». Pero silencia el dato, acaso esclarecedor a estos efectos, de que Lange fue violada por una manada durante unos sanfermines.

Juan Goytisolo concluye su prólogo citando unas oscuras palabras de su admirado Ibn Arabi, poeta, filósofo y místico andalusí del siglo XII: «No calla quien calla, solamente calla quien no calla».

Confieso no entender muy bien los alcances de esta retorcida paradoja, pero mucho me parece que no es exactamente así.

Noviembre

Arriba y abajo con la celebración de los cien años desde la publicación del Primer Manifiesto Surrealista. Entre tanta hagiografía de sus impulsores, no está de más recordar lo que escribía Hasan G. López Sanz en un libro altamente recomendable que leí en días pasados (*Zoos humanos, «ethnic freaks» y exhibiciones etnológicas: una aproximación desde la antropología, la estética y la creación artística contemporánea*, Valencia, Concreta, 2017): «A diferencia de los comunistas, los surrealistas elaboraron unas figuras poéticas del salvaje que le sirvieron para poner en duda la cultura occidental, su nacionalidad, sus escuelas, prisiones, guerras y, por qué no, sus exposiciones coloniales. Mitificando al salvaje se opusieron al colonialismo y, presuntamente, todas sus expresiones. Pero la historia de los surrealistas es más compleja y el episodio de la Exposición Colonial de París [1931] lo pone en exergo. Como coleccionistas de arte, muchos de ellos tuvieron una estrecha relación con galeristas especializados en arte primitivo como Paul Guillaume, Charles Ratton o Pierre Loeb, quienes a su vez vendían obras de artistas surrealistas. El culto al objeto y su compra llevó a Paul Éluard, Louis Aragon,

André Breton, Max Ernst y Joan Miró a viajar más allá de las fronteras francesas: Bélgica, Holanda, Alemania, etc. La cultura material de las sociedades primitivas se convirtió en sus manos en mercancía, sometiéndose a la lógica del mercado del arte tradicional. Los mismos surrealistas que declaraban públicamente estar el servicio de la revolución, por retomar el título de la famosa revista fundada por André Bretón en 1930, participaron activamente en un mercado que se nutría del expolio colonial. Llama la atención que la venta de la colección de Paul Éluard y André Breton se hiciese en julio de 1931, coincidiendo con la Exposición Colonial de París y en cierto modo aprovechando su impulso. Éluard y Breton eran conscientes de ello, como revela la correspondencia entre Paul Éluard y Gala, en la que el primero habla del beneficio que puede suponer la moda por lo colonial cuyo epicentro en ese momento se encuentra en París».

Diciembre

Vuelvo sobre el libro de Hasan G. López Sanz que citaba en el anterior apunte. Di con este libro muy azarosamente, curioseando hace ya seis años en la mesa de novedades de una librería berlinesa, a donde no sé cómo demonios fue a parar. Aunque muy intrigado por el asunto del libro, aplacé muchas veces su lectura, que emprendí por fin este otoño pasado, quedando enseguida absorbido por todo lo que en él se dice y se cuenta. El trabajo de López Sanz, muy bien documentado y excelentemente escrito, está lleno de datos asombrosos, y constituye una reflexión de enorme calado sobre las relaciones de Europa con la Otredad encarnada por las distintas razas y culturas a que se fue enfrentando durante el proceso de expansión colonial iniciado en el siglo XV e intensificado en los siglos XVIII y XIX. Todo es aprendizaje en la lectura de este libro, que mueve a una severa autocrítica de sesgo ideológico y cultural. La tensión ensayística no permite que las noticias y anécdotas alucinantes que llenan el libro conquisten el primer plano y ahoguen la inquisición polémica de tantos prejuicios y presupuestos que aún gobiernan nuestro trato con los miembros de otras etnias, a pesar del mestizaje y del multiculturalismo que pretendidamente caracterizan a nuestra sociedad. El caso es que uno se queda pasmado de lo que lee. Poblados indígenas expuestos a la observación como los leones en el zoo, Freak Shows, museos de curiosidades, espectáculos de danzas, de costumbres, de combates, de rituales aborígenes. Tribus enteras traídas desde sus lugares de origen como si fueran animales y exhibidas en circos y recintos feriales con decorados y atuendos que mimetizaban su forma de vida. A menudo viajaban en tren o en caravanas por toda Europa, y el frío y las enfermedades diezmaban a la mayoría. Al comienzo no era raro que sus cadáveres fueran disecados y expuestos así a la insistente curiosidad de las multitudes que acudían a las llamativas exhibiciones de esos seres fantásticos, a medio camino entre el mono y el hombre. No es extraño que el destino de esos desdichados haya atraído la imaginación de no pocos cronistas y novelistas (véase, sin ir más lejos, *Huesos sin descanso. Fueguinos en Londres*, de Cristóbal Marín, recién publicado por Debate), también de algunos cineastas (como Abdellatif Kechiche, que dirigió en 2010 *Venus negra*, sobre la célebre Saartjie Baartman, la Venus de Hotentote, paseada por toda Europa como si fuera un oso y obligada a exhibirse desnuda para que admiraran sus enormes glúteos y sus «monstruosos» labios vaginales). Todavía en 1937, en la Exposición Colonial de París, se mostraban reconstrucciones de poblados negros con sus supuestos habitantes realizando sus tareas supuestamente cotidianas. Y he aquí que, cuando todavía no ha transcurrido un siglo, los descendientes de tantos pacíficos y morbosos ciudadanos que iban a contemplar a esos pintorescos aborígenes votan en masa a partidos que alientan el temor y el rechazo a sus nietos, a quienes deniegan la entrada en sus países. Fuera de sus jaulas, ya no resultan tan interesantes, y sí en cambio peligrosos. Es preferible contratar viajes para visitarlos en sus lugares de origen y hacerse fotos con ellos. Ahora es el planeta entero el que se ha convertido en zoológico y parque temático. Y preferimos los safaris. Entretanto, Europa va camino de convertirse ella misma en una jaula que se protege con barrotes cada vez más apretujados del enemigo exterior, que pugna por entrar. Qué miedo.

*

«El bufón de corte, el que menos posee junto al que lo posee todo. Actúa continuamente ante los ojos de su señor como en una especie de libertad, pero luego se halla otra vez a merced de él. El señor percibe la libertad de este ser libre de toda carga, pero como éste le pertenece, puede imaginarse que también le pertenece la libertad» (Elias Canetti, apunte de 1960 recogido en *La provincia del hombre*).

Convendría que tomaran nota de esto tantos gamberros y humoristas consentidos que se perciben a sí mismos como transgresores. Por lo demás, hay margen para debatir: ¿pertenece al señor la libertad de su bufón, o sólo se lo imagina?

2025

Enero

Años atrás, dediqué una columna a recomendar una deliciosa novela de Richard Hughes, *En peligro* (1938; Gatopardo, 2017). Destacaba en mi comentario un pasaje de la misma sobre el que he vuelto más de una vez. Nos hallamos a bordo de un barco mercante que se ve envuelto en una especie de «tormenta perfecta». Con el humor y la excentricidad que le son propios, Hughes describe los pensamientos y reacciones de un buen número de tripulantes y pasajeros. En un momento dado, en medio del huracán, el jefe de máquinas, el señor McDonald, viéndose en peligro de muerte, recuerda a sus tres hijos y, lejos de enternecerse, le sale decirse a sí mismo, casi cabreado: «Valgo por diez de esos chavales». A partir de ahí, el narrador empieza a especular sobre la relación que cabe establecer entre el valor de un hombre y lo que cabe en su memoria. Y persuadido de que, en definitiva, "un hombre es la totalidad del contenido de su mente", concluye que, por mucho que se suela lamentar menos, se pierde bastante más con la muerte de un anciano que con la de un niño: «Después de todo, ¿qué prefieres perder:

una bolsa vacía o una que te has esforzado durante años en llenar?».

Entre los borradores de su inacabada *Historia de las guerras barcialeas*, hay una anotación de Rafael Sánchez Ferlosio en la que, aunque de otra manera, también se asocia a la muerte el concepto de cantidad. En un asombroso discurso sobre el cuerpo, el alma y la mente, pretende un personaje que, «cuanto más arriba en la vida, más cantidad de muerte». Y de ahí desprende que «la cantidad de muerte de un chacal es evidentemente mucho mayor que la de un pez».

Esta idea de cuantificar la muerte resulta chocante de buenas a primeras, al menos formulada en estos términos, pero no deja de estar latente en la relación que mantenemos con ella. Sólo que la lógica empleada suele operar inversamente. Medimos el dramatismo de una muerte en función de la "cantidad de vida" que al que fallece le queda por vivir. Así lo hacemos conforme a un cálculo más o menos estadístico e impersonal. Lamentamos la muerte de un niño o de un joven en la medida en que lamentamos la pérdida de la vida que le quedaba por vivir, más que la vivida, muy escasa. Y a tal punto es así que, llegado el momento, a casi todos nos parece más razonable, en una situación de riesgo, preservar la vida de un niño o de un joven antes que la de un anciano.

Ahora bien, como se dice, no sin razón, el señor MacDonald, el contenido de la vida de un anciano, de su mente, de su memoria (en el supuesto, claro está, de que conserve la memoria y la lucidez), es un contenido real y a menudo rico en experiencia, en tanto que el de la vida de un niño o de un joven es sobre todo potencial y sustancialmente especulativo: en su caso lloramos por lo que pudo ser, no por lo que ha sido.

Puede antojársenos gratuito, e incluso inconveniente, abordar la cuestión de la muerte desde esta perspectiva —por así decirlo— económica. No lo es tanto si consideramos la tendencia de la sociedad en que vivimos a asignar a la vejez una condición de excedente o de residuo.

Es frecuente, a la muerte de un anciano, considerar un atenuante de la pérdida y del dolor que esa muerte supone el que haya vivido incluso más de lo esperable. Pero ¿lloramos menos la muerte de un alto y frondoso álamo centenario que la del pequeño arbolito que prospera a su sombra?

*

Prolongando el apunte anterior. La pretensión de que «la cantidad de muerte de un chacal es evidentemente mucho mayor que la de un pez», ¿no es equiparable, por ejemplo, a la de «la cantidad de muerte de un israelí es evidentemente mucho mayor que la de un palestino»? Asumimos a diario declaraciones, informaciones y situaciones que así lo confirman. Como confirman que «la cantidad de muerte de un europeo es evidentemente mucho mayor que la de un yemení». Y no sólo eso: dentro de nuestras sociedades, la cantidad de muerte de un potentado o de un famoso es evidentemente mucho mayor que la de un trabajador cualquiera. Años atrás obtuvo cierta resonancia una exitosa película italiana titulada *El capital humano* (de Paolo Virzi, 2013). El título de la película ironizaba sobre esta expresión característica del ámbito empresarial —la de *capital humano*—, supuestamente empleada por los expertos de las aseguradoras para cuantificar la indemnización que debe pagarse por la pérdida de una vida, calculada conforme a parámetros tales como la esperanza de vida de la persona en cuestión, sus retribuciones potenciales y «la cantidad y calidad de sus lazos afectivos». ¿Cabe una manera más flagrante de evidenciar que también la muerte está sujeta a valoraciones económicas?

*

Veo a Adan Kovacsics y me regala su último libro, *El destino de la palabra*, recién publicado por Ediciones del Subsuelo. Apenas llego a casa lo hojeo y me encuentro, nada más abrirlo, con un apunte formidable, que comparto aquí. Al parecer, en unas declaraciones hechas en septiembre de 2006, el presidente de Estados Unidos George Bush consideró demasiado impreciso para ser entendido el artículo 14 de la convención de Ginebra que prohíbe «los atentados contra la dignidad personal, especialmente los humillantes y degradantes». Lo que dijo literalmente Bush fueron estas palabras: «La convención de Ginebra dice que no debe haber atentados contra la dignidad humana. Es muy impreciso (*wagen*). ¿Qué significa atentados contra la dignidad humana?». Entre 1951, fecha de la convención de Ginebra, y 2006, cuando George Bush hizo esa declaración, habían transcurrido poco más de cincuenta años, observa Kovacsics. Y comenta: «Quienes redactaron los artículos de la Convención sabían lo que era la dignidad humana y lo que era atentar contra ella. Precisamente por esas fechas, a comienzos de los años cincuenta del siglo pasado, Albert Camus situaba la dignidad en el centro de su pensamiento. Poco más de medio siglo después ya no se sabía lo que es».

*

«Como no sé cuándo vendrá la aurora / abro todas las puertas; / si tiene alas y plumas será un pájaro, / si viene en forma de olas será un mar» (Emily Dickinson).